담배
: 필터 없는 보고서

피에르 부아스리 글
스테판 브랑지에 그림
장한라 옮김

그림씨

서문

배 소비는 감염원이 아니라 산업적인 이유로 수많은 사람에게 질병이 확산된 경우에 해당하는, 산업계가 만들어낸 전염병을 보여주는 대표적 사례다. 1998년부터 2003년까지 세계보건기구(WHO) 사무총장을 지낸 그로 할렘 브룬틀란(Gro Harlem Brundtland) 박사는 담배 중독과 관련해 담배업계의 역할은 말라리아를 퍼뜨릴 때 모기가 맡은 역할과 똑같다고 주장했다.

약 10억 명의 인류가 담배를 피우고 있고 평생 정기적으로 담배를 피우는 사람 중 절반이, 더 최근 연구에 따르면 심지어 2/3가 담배 관련 질병으로 사망하는 이때 전 세계적인 이 전염병은 가장 중대하고 치명적이라고 할 수 있을 것이다. 담배 소비를 막기 위해 효과적인 대처를 하지 않는다면 21세기에 약 10억 명이 담배 때문에 사망할 것이다. 우리는 어쩌다 이 지경에 이르렀을까? 니코틴이 지닌 크나큰 중독성과 담배 산업 카르텔의 끝 모르는 탐욕이 합쳐진 결과다.

니코틴이 지닌 강력한 중독성은(감정을 담당하는 뇌의 영역에 자리잡은 보상 시스템을 직접 활성화하는 작용과 관련 있다) 제조 과정에서 담배업계가 화학적으로 조작하며 (암모니아를 추가한다...) 더 강화된다. 이는 현재 합법적인 시장과 비합법적인 시장 모두를 통틀어 담배가 가장 강력한 향정신성 물질로 꼽히는 이유를 잘 설명해준다. 이런 중독성은 현재 흡연인구 중 2/3가 최대한 빨리 담배를 끊으려고 하지만 그렇게 하지 못한다는 사실만 보더라도 알 수 있다.

담배산업계의 카르텔은 전 지구에 퍼져 있다(중국은 예외다). 이 카르텔을 이루는 것은 다국적 기업 네 곳이다. 필립 모리스 인터내셔널(Philip Morris International), 브리티시 아메리칸 토바코(British American Tobacco), 재팬 토바코 인터내셔널(Japan Tobacco International), 임페리얼 브랜즈(Imperial Brands)다.

피에르 부아스리와 스테판 브랑지에의 책은 이 카르텔이 인간의 삶을 업신여기며 거짓말을 일삼고 조작하고 범죄를 저지르고 비인간적으로 구는 '넌덜머리나는 (ad nauseam)' 모습을 적나라하게 보여준다. 이런 문제 제기가 음모론이 아니라는 사실을 뒷받침하는 수많은 증거가 있다. 예를 들어, 2006년 8월 17일 앞에서 말한 네 기업은 미국에서 유죄 판결을 받았다. "모의와 조직범죄에 상응하는 활동"이라는 죄목이었으며 2010년 미국 연방 대법원이 항소심에서 유죄 판결을 확정했다.

충실한 소비자 대다수를 죽이는 제품을 판매할 수 있는 이유는 바로 이 카르텔이 벌이는 불법행위 때문이다. 이들에게는 13~14세 아이들이 담배를 "맛보게" 하기 위해서라면 어떤 수단이든 상관없다. 사람들이 처음에 피우는 담배 몇 개비 때문에 중독되면 포로로 잡힌 고객이 된다는 사실을 잘 알고 있기 때문이다.

통찰력 있고 용감하고 꾸준한 정책만 실시한다면 이 카르텔에 맞서는 것은 가능하고 효과도 있다. 프랑스와 유럽연합을 비롯해 대다수 국가가 서명하고 인준한 WHO 의 담배 규제 기본 협약(FCTC)에서는 실행에 옮길 수 있는 중요한 효율적인 조치들을 밝히고 있으며 이 조치들을 적용하는 방식도 제공하고 있다. 모든 사회적 수단을 꾸준히 동원해 FCTC를 적용하는 국가들은 담배중독 인구가 급감하는 것을 확인하고 있다. 더 적극적으로 행동에 옮겨야 한다.

산업계가 만들어낸 담배중독이라는 전염병은 사회에 보건 관련 영향을 미치든 재정적 영향을 미치든 무슨 수를 써서라도 수익을 내겠다는 유일한 목적으로 하나의 카르텔이 우리 사회를 반민주적으로 조작한다는 점에서 상징적이다. 심지어 이는 사람들의 의지에도 반한다. 이처럼 수익은 시민들의 이해관계에 앞선다. 담배산업에 맞서는 것은 한편으로 우리의 민주주의가 더 잘 기능하도록 맞서 싸우는 것이기도 하다.

이브 마르티네(Yves Martinet), 국립담배중독반대위원회 (CNCT) 회장

경고

이 그래픽 노블에서 읽게 될 모든 내용은 사실입니다. 모두 입증된 사실이거나 법원에서 내린 판결이거나 다양한 작품에 실린 내용입니다. 그 출처는 책 뒤쪽에서 확인할 수 있습니다.

우리는 아무것도 거짓으로 지어내지 않았습니다. 물론 니코 씨와 만화적 상상은 가상의 것이지만요.

그렇다면 왜 앞부분에 이런 경고를 적어두는 걸까요?

이 주제를 놓고 토론을 벌일 때마다 반대편에서는 이 모든 것이 사람들이 담배를 못 피우게 하려는 음모라고 주장하거든요. 음모라니, 뻔한 수법이지요.

근거도 없이 유행에 편승하는 이런 논리는 어떤 토론도 허용하지 않습니다. 연기로 우리 눈을 가려보려는 속셈일 뿐입니다. 하지만 한편으로는 참으로 놀라운 반응이기도 합니다. 논리적으로 따져보면 모든 음모에는 목적이 있습니다. 권력을 잡거나 적을 제거하거나 거추장스러운 증거를 없애는 것처럼요. 음모론자들의 궤변을 빌려 말하자면, 범죄의 동기는 차고 넘칩니다.

대체 어떤 단체나 기관, 작가가 사람들이 담배 피우는 것을 막아서 이득을 보겠습니까? 아무 이득도 없습니다. 흡연자들이 자유라고 생각하는 것을 빼앗아 이익을 취할 사람이 누가 있을까요? 합리적으로 생각하면 아무도 없습니다.

진짜 음모는 따로 있습니다. 여기에는 이 세상만큼 오래된 목적이 있습니다. 돈을 버는 것이죠. 아주 많이요.

이 음모는 담배를 피우는 것은 곧 여러분의 즐거움이며, 자유와 독립성을 확인하고 사회적으로 입증하는 삶의 기술이라고 설득합니다. 그러고는 여러분의 등골을 빼먹고 특히 건강을 집어삼켜 부를 쌓아 올렸습니다. "빅 토바코"라고 불리는(그들의 정체에 비하면 너무나 다정한 별명이죠) 거대 담배 기업들이 100년이 넘는 시간 동안 이런 방식으로 세상을 교묘하게 조작해온 것입니다.

여러분을 담배에 의존하게 하려는 목적은 하나뿐입니다. 인간이 만들어낸 가장 수익성 높고 가장 치명적인 산업의 주주들에게 배당금을 안겨주려는 것입니다.

실제로는 즐거움이나 자유나 독립성이나 삶의 기술과는 전혀 관련이 없습니다.

이 사실을 여러분께 증명해 보이겠습니다.

저자 일동

1972년 미국 어딘가

흡연은
성인의 선택이죠.

여러분은 지금 흡연을 시작하기에는
너무 어렵니다. 건강을 해칠 거예요.

흡연은 운전이나
음주나...

성관계처럼 **어른들만**
하는 행동이죠.

여러분은 한창 성장하고 발달할
어린 사람들입니다.

그 모든 걸 위험에 빠뜨린다면
안타깝겠죠?

선생님들처럼 저도 이 주제에 관한
어떤 질문에도 답해드릴게요.

감사합니다, **니코 씨!**
이런 해로움으로부터
우리 젊은이들을
지켜내야죠.

이렇게 담배업계를 대표해 예방교육을 하시다니 멋지십니다.

사소한 일일 뿐인 걸요.

젊은이들이 얼마나 쉽게 영향을 받는지 누구나 알고 있으니까요.

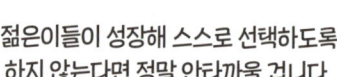

젊은이들이 성장해 스스로 선택하도록 하지 않는다면 정말 안타까울 겁니다.

우리를 무슨 어린애로 보나! **어른들이 하는 선택이라니, 웃기고 있어!**

우리가 이런 결정도 못 내릴 만큼 어린 줄로 아나!

말만 번지르르해! 어른들은 되고 우리는 안 된다고?

그냥 세뇌시키는 거라고 그랬잖아!

먹혀들었어!

온 세계 젊은이들이여, 멋진 **흡연**의 세계에 온 것을 환영합니다!

이런 걸 반심리학이라고 하죠. 금단의 열매를 따 먹는 유서 깊고 훌륭한 계략이랄까! 늘 효과 만점이죠.

그 누구에게도 담배를 피우라고 강요하지 않으며, 흡연자들 스스로 책임져야 하고 자신을 탓할 수밖에 없다고 말할 겁니다. 아예 시작하지 말았어야 한다고 말이죠.

틀린 말은 아니지만 조금 전에 본 것처럼 등을 살짝만 떠밀어도 사람들은 전부 넘어옵니다.

흡연은 **자유**라고 얘기할 거예요.

보시다시피.

이것이 산업에 충성하는 일이죠. 제가 몸담고 있는 담배업계 말이죠.
담배업계는 애초부터 여러분을 조종합니다.

...그리고 여러분은
건강을 희생해 저를
부자로 만들어줬죠.

I WANT YOU
FOR SMOKING
NEAREST RECRUITING STATION

하지만 당신
선택이죠. 음....

당신 **자.유.예.요.**

흡연은 일종의 자율성이고
개성을 나타내는 일이라는
이 믿을 수 없는 기분은요.

우리가 여러분 뇌에 심어둔 놀라운 기분이죠!

* 이 포스터는 원래 제1차 세계대전과 제2차 세계대전에서 미국 정부가 징집병 모집을 위해 사용한 것이다. 원래는 "I WANT YOU FOR U.S. ARMY"인데 위에서는
이를 "I WANT YOU FOR SMOKING"으로 패러디했다.

10 / 70

여러분을 중독시키고 병들게 하고 둘 중 한 명꼴로 죽이는 이 제품을 스스로 선택하게 만드는 이 어려운 일을 우리는 어떻게 해냈을까요?

금단의 열매라고 말씀드렸죠. 지구만큼 오래된 얘기입니다. 심지어 이 세상에 처음 탄생한 이야기라고 확신할 수 있죠.

유혹의 나무에 오르면 다른 곳보다 훨씬 멀리까지 보일 겁니다.

미안, **카아**, 너는 필요 없어.

필요할 걸... 분명히 씹어먹고 싶을 텐데...

괜찮다니까. 사과는 건강에 좋대도!

아, 여기 실험 대상이 있군요. 어리고 순진한 사람이네요. 순진할수록 더 쉽게 타락시킬 수 있어요. 아, 타락이 아니라

모집한다고 표현할게요.

안녕, 이브. 잘 지내요?

안녕하세요... 우리가 아는 사이인가요? 여기 에덴동산에는 아담과 저만 있는 줄 알았는데요.

저는 니코입니다. 자유와 독립심을 부여하고 마초 같은 아담과 동등하다고 느낄 물건 한 번 보실래요?

신께서 사과는 안 된다고 하셨는데 그건 잘 모르겠네요.

합법적인 건가요?

당연하죠! 불법 제품은 꿈도 꾸지 않습니다. 마음에 들 거예요!

나중에는 이 물건 없이 못 살 걸요.

이브는 끝났고. 이제는 이브 기둥서방이나 보러 갑시다.

안녕하신가. 자유와 독립심을 부여하고 어리숙한 이브에게 강렬한 인상을 남기도록 진짜 남자로 만들어 줄 물건 한 번 써볼래요?

이렇게 간단합니다.

약속 한 번으로 기운을 불어넣으면 고객이 생기는 거죠.

고객은 유혹에 굴복하고 또 지옥에... 바로 저의 지옥에 발을 딛죠!

제 절친 존 밀턴*이 말한 것처럼요. "천국에서 섬기느니 지옥에서 군림하는 편이 낫다."

* 영국 시인(1608-1674)으로 『실낙원』이 대표작이다. 뒤 문장은 『실낙원』에 나온다.

서양에서는 담뱃잎과 담배의 역사가 1492년에야 시작했다고 할 수 있죠.
크리스토퍼 콜럼버스가 인도로 향하는 새로운 길을 찾겠다며 나선 때였습니다.

뭐 하시는 겁니까?

보면 모릅니까? 담배 피우려고
파이프를 깎고 있잖아요.

담배라니?
뭘 피운다는 거요?

뭍에 닿을 때까지 2주만 더
기다리시죠. 그러면 내 말을
알게 될 겁니다.

그래요, 콜럼버스 이전에는 유럽에서 담배를 피운 사람이
하나도 없었습니다.

육지다! 육지야!

행운은 우리 편!

특히 내 편이지...

이 잎들은 뭐죠?

담뱃잎입니다.
여러분 모두 머잖아
피우게 될 잎이죠.

정신 나갔군요.

그렇죠.

이곳 원주민들은 오래전부터
담배를 재배해 피웠어요. 맞죠? 여러분!

그래요,
축제 때만 피우죠...

아니면
치료할 때...

지쳐 근심을 잠재울
때도...

배고플 때도...

즉, 환각 속에서
수다를 떨고 싶을 때 피우죠.

이 식물은 신이 주신 겁니다. 세상을
창조했을 때 분명히 **"타바코"**를 피우며
환각에 빠져 있었을 거예요!

당시 쿠바 주변 여러 섬에서 몇 달을 보낸 후 콜럼버스 일행은 스페인으로 돌아갑니다.

빈손은 아니었습니다.
담뱃잎 말리는 법을 배워 갔으니까요.

파이프는
괜찮나요?

그럼요.

콜럼버스는 샛길로 빠져 포르투갈에 닿습니다. **주앙 2세**가 그를 맞이하죠.

콜럼버스, 귀하가 새로운 땅을 발견했다는 소식을 들었소.

당신은 우리 왕국에 발을 들였으니 국제 협약에 따라 당신이 발견한 것은 우리 것이오.*

이야기를 해 봅시다.

새로 발견한 땅을 제가 받는 대신 이 놀라운 식물의 씨앗을 드리겠습니다. 당신의 왕국에 행복을 가져다줄 겁니다.

정말?

그럼요. 부식토가 풍부한 땅에 이 씨앗을 심으세요. 포르투갈의 더운 기후라면 멋진 잎을 틔워 크게 도움이 될 겁니다.

처음 담배라는 식물은 포르투갈과 스페인에서 주로 장식용으로 썼습니다.

하지만 오래 지나지 않아 상황이 바뀌었죠.
이 놀라운 잎사귀가 가져다주는 은혜를 몰랐다면 안타까웠겠죠!

* 당시 스페인과 포르투갈은 교황의 칙서에 의해 아프리카 기니와 보자도르곶 남쪽 땅은 포르투갈령, 북쪽은 스페인령이었다. 따라서 콜럼버스가 발견한 카리브제도는 포르투갈 영토에 속해야 했다. 위 글은 그에 관한 내용이다. 이후 스페인과 포르투갈 두 나라는 다시 교황의 중재를 받았고 1494년 스페인 토르데시야스에서 새로운 조약을 맺었다. 즉, 카보베르데 섬에서 약 1,500km 떨어진 곳을 기준으로 이 선 서쪽은 스페인, 동쪽은 포르투갈령으로 결정한 것이다. 이를 토르데시야스 조약이라고 부른다.

1559년 제 먼 조상인 **장 니코**씨는 포르투갈의 프랑스 대사로 임명을 받습니다.

나는 "사랑은 궁정에 있네."라는 마음가짐으로 결혼을 준비했는데 실패했지.

그러다가 네덜란드 상인이 준 담배 씨앗을 심으면서 정원을 가꾸게 되었어.

그 대신 승진하셨잖아요!

스페인 왕의 주치의가 그러더군. 이 식물을 말려 가루로 만든 후 코로 들이마시면 놀라운 치료효과를 볼 수 있다고. 특히 두통에 좋다더군.

우리의 어린 국왕 프랑수아 2세께서 끔찍한 두통에 시달리셔서 그 어머니인 **카트린느 드 메디시스***께 한 통을 보내드렸지.

먹어 보렴, 나을 테니까!

두통이 사라졌어요, **엄마!** 더 주세요. 이제는 그 마법 같은 가루가 없으면 안 돼요!

물론 프랑수아 2세가 어린 나이(16세)에 세상을 뜨는 것을 막을 수는 없었죠. 하지만 그 덕분에 프랑스 궁정에 담배가 널리 퍼졌습니다.

니코는 귀족 작위를 받았고 니코의 이름을 따 이 기적 같은 약초의 이름을 지었습니다. 니코의 약초, 즉 니코티안이라고 부르게 되는데 니코틴이라는 명칭의 유래죠.

* 르네상스의 주역인 피렌체 메디치 가문 출신으로 프랑스 왕 앙리 2세의 왕비가 되었다.

그로부터 150년도 지나지 않아 담배 재배는 전 세계로 퍼져 나갑니다.

미국은 물론 유럽, 러시아, 아시아까지도요.

어디서나 파이프나 시가 형태로 담배를 피우며 기쁨을 얻었죠.

연기를 좋아하지 않는 사람도 담배는 높이 평가했어요. 그래서 코 점막을 통해 니코틴을 흡입했죠.

부작용은 그럭저럭 통제하면서요.

에잇-췌

담배는 씹기도 했어요. 즙을 내 구강 점막으로 흡입했죠.

입에 남은 것은...

퉤엣!

이런 지저분한 행동을 탐탁잖게 여기는 사람도 있었습니다.

담배는 아무 쓸모가 없다고. 건달 같으니, 일이나 할 것이지!

괜찮아, 안 죽어!

오래 걸리지는 않았습니다.

교황 **우르바노 8세*** 도 한마디 합니다. 많은 사람과 관련 있었으니까요.

담배가 주는 불쾌함을 없애도록 **담배 금지! 그리고 남녀노소 모두 금연!**

모든 성직자, 모든 수도회, 모든 종교기관에 소속된 이들...

내 말을 따르시오. 교회 현관과 내부에서는 담배를 씹는 것도, 파이프에 넣어 피우는 것도, 가루를 코로 흡입하는 것도 하지 마시오. **어떤 방식으로든** 담배를 피우지 마시오!

이 조치를 어기는 자는 파문할 것이오!

아멘!

* 피렌체 출신으로 1623년부터 1644년까지 교황을 지냈다(1568-1644).

그 후 모든 사람이 금지령을 따랐습니다.
흡연은 어디서나 일탈행위로 간주했죠.

담배로 얻을 수 있는 이득을 미처 알지 못한 지도자들도 담배를 금지했습니다.

술탄 무라드 4세*

도덕과 건강을 위해 오스만제국에서는 그 누구도 담배를 피우지 못한다. **어기면 코를 벨 것이다!**

명나라 **숭정제****

지금부터 흡연은 **범죄**이니라. 제국 어디서든 **참수형**을 내릴 것이다.

에도 시대 **쇼군**

일본 전역에서 담배 재배를 금한다. 더 유용한 작물을 경작할 땅을 차지하기 때문이다. **담배를 피우는 자도 노예가 될 것이다!**

영국 왕 **제임스 1세*****

영국의 담배 소비를 끝장내기 위해 담배 수입 관세를 4,000%로 결정했다!

그건 아닌데...

별 소용은 없었어요. 1670년 영국 인구의 절반이 담배를 피웠으니까요.

하지만 담배에 세금을 매긴 건 제임스 1세가 최초인데 다른 지도자들에게도 좋은 아이디어를 주었죠.

---

*   오스만제국의 제17대 술탄(1612-1640, 재위 1623-1640)
**   중국 명나라의 마지막 황제(1611-1644, 재위 1628-1644)
*** 스튜어트 왕가 출신 최초의 영국 왕(1566-1625)

1650년 **러시아 황제**도 이 아이디어를 채택합니다.

한 부주의한 흡연자 때문에 모스크바 절반이 불길에 휩싸였다는 얘기를 해야겠군요...

분별없이 담배를 피우는 자는 **입술을 잘라버릴 것이다!**

몽둥이찜질, 채찍형, 그리고 강제 수용! 담배 상인도 마찬가지다!

그의 작은아들 **피에르 대제**는 좀 더 꾀가 있는 편이었는데 협상을 통해 담배 유통을 재개합니다.

7만 5천 리브르스털링이면 러시아에서 담배 판매를 재개할 권한을 부여하겠네. 됐나?

좋습니다!

러시아 농민들은 담배를 다시 피우기 시작했고 국고는 두둑해졌습니다. 백성이 무엇을 바란다고요?!

피에르 대제에 앞서 잇속을 챙긴 이들은 국민이 담배에 중독되었을 때 이익을 얻을 수 있다는 사실을 즉시 깨달았죠.

작은 도시 **라로셸**＊만 피우는 게 아니지.

1629년부터 **리슐리외 추기경**＊＊은 담배세를 부과합니다.

맞아, 국고를 늘리도록 세금을 올리는 편이 낫지 않을까?

45년 후 루이 14세 시기 경제부 장관이던 **콜베르**＊＊＊는 담배 판매를 처음으로 국가 독점사업으로 만듭니다. 그렇게 담배 거래에서 나오는 수입과 세금을 모두 손에 넣습니다.

담배를 피우는 사람이 늘면 돈도 더 많이 들어올 텐데...

소비는 폭발적으로 증가하고 담배를 더 생산해야 했습니다.

지역 노동력만으로는 유럽에서 증가하는 수요를 감당할 수 없었습니다.

노동력이 바닥나자 플랜테이션 주인들은 노예 상인들과 합의했습니다. 그들은 싼값에 노동력을 제공했죠.

진작에.

이는 노예제도의 근간이 되고 북아메리카로 향하는 흑인 노예무역을 빠르게 발달시킵니다.

＊ 프랑스 서부의 작은 항구도시
＊＊ 프랑스 출신 정치가로, 루이 13세를 모시며 재상에 올라 왕권 강화와 부국강병을 추진했다(1585-1642).
＊＊＊ 프랑스 중상주의를 대표하는 정치가로 루이 14세 밑에서 재무장관을 지냈다(1619-1683).

18세기 중반까지 사람들은 파이프 담배를 피우고 코로 들이마시고 담배를 씹고 부자들은 시가를 피웠죠. 궐련은 전혀 사용하지 않았습니다.

엣꺼

전하는 얘기에 따르면 생-장-다크르*를 공격할 때 한 이집트 포병이 역사의 흐름을 바꾸어 놓았다는군요.

어떻게 이런 생각을 했습니까?

발사 간격을 정교하게 하려고...

종이에 화약을 말아 준비하면 어떨까 생각했죠.

도시를 함락시킨 건 당신 덕분이네요?

그런 셈이죠! 그 보상으로 대장님께서 말리고 잘게 자른 담뱃잎을 더 배급해주셨어요.

그런데 제 파이프가 깨져서...

그래서 어떻게 하셨나요?

제가 기술자는 아니지만 그렇다고 바보도 아니니까...

대포 화약을 말듯이 담배도 말아보자고 생각했죠.

전쟁이 뭔지 모르지만 좋은 일을 한 것 같군요. 이 이야기는 나중에 마저 살펴봅시다.

아름다운 이야기이자 아름다운 역사네요. 하지만 궐련은 스페인에서 들어와 1825년부터 유럽 전역에 퍼져 나가기 시작합니다.

* 중동에 위치한 지역

19세기 초까지는 궐련 연기를 들이마실 수 없었습니다. 알칼리성이 강하고 너무 매워 폐에서 흡수하기 힘들 만큼 거칠었죠.

괜찮아질 겁니다, 친구.

켁켁

1839년 스티븐이라는 노예가 장작불 연기에 담뱃잎이 잘 마르는지 지켜보다가 깜빡 잠들었습니다.

정말 믿을 사람이 없습니다.

앗, 안 돼! 불이!

이 얼빠진 녀석은 나무를 찾지 못해 불에 석탄을 넣어 불을 되살립니다.

담뱃잎은 황금빛을 띠게 되었고 담뱃잎에 함유되어 있던 당분을 배출하다 보니 알칼리성이 약해졌습니다.

훌륭해! 연기가 더 부드럽고 맛있게 변했어!

이렇게 뜨겁게 담뱃잎을 말리는 플루 큐어링 기법은 곧바로 버지니아의 플랜테이션에 도입됩니다.

노예제도도 전쟁도 좋은 일을 할 수 있다니까요.

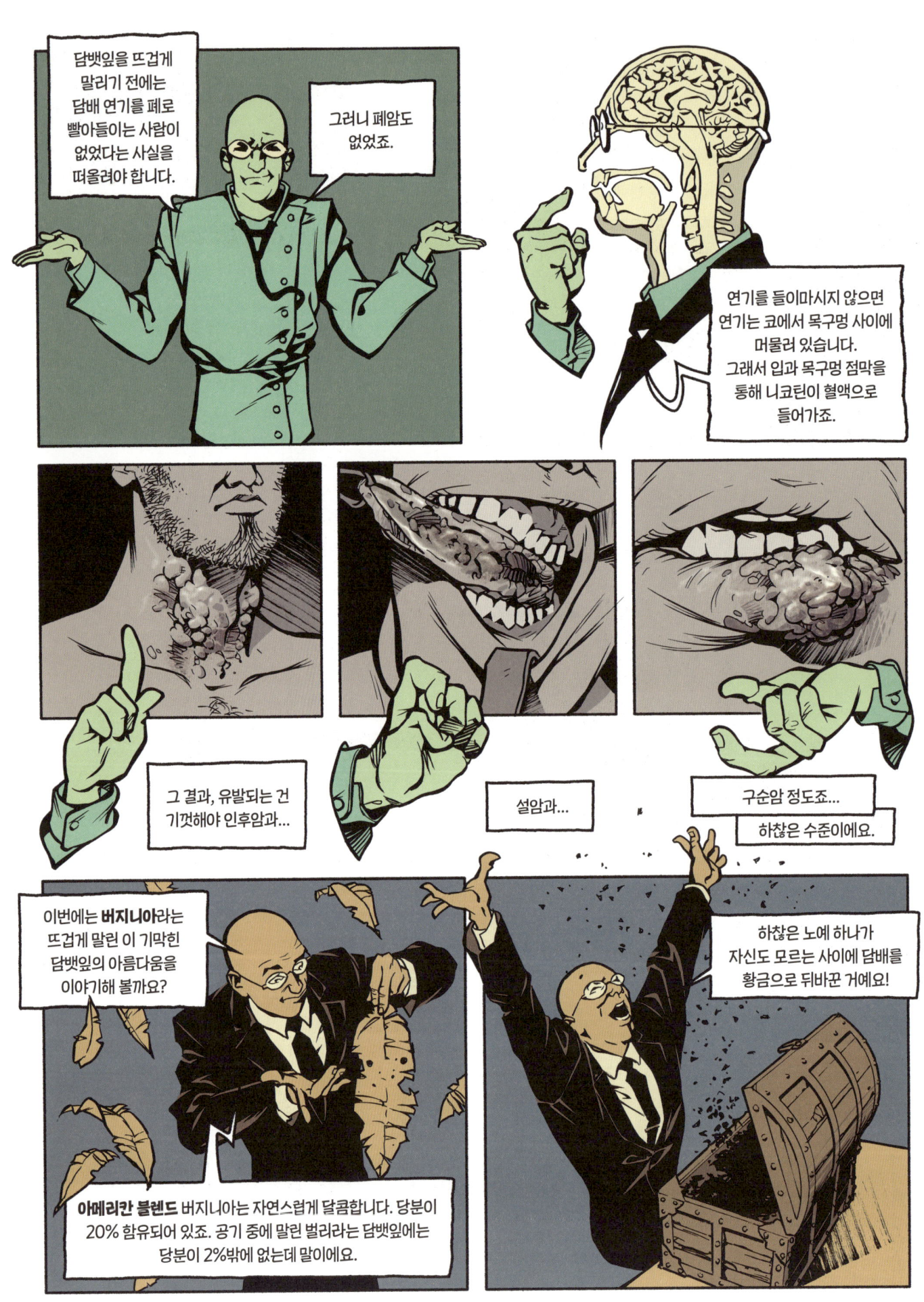

담뱃잎을 뜨겁게 말리기 전에는 담배 연기를 폐로 빨아들이는 사람이 없었다는 사실을 떠올려야 합니다.

그러니 폐암도 없었죠.

연기를 들이마시지 않으면 연기는 코에서 목구멍 사이에 머물러 있습니다. 그래서 입과 목구멍 점막을 통해 니코틴이 혈액으로 들어가죠.

그 결과, 유발되는 건 기껏해야 인후암과...

설암과...

구순암 정도죠... 하찮은 수준이에요.

이번에는 **버지니아**라는 뜨겁게 말린 이 기막힌 담뱃잎의 아름다움을 이야기해 볼까요?

하찮은 노예 하나가 자신도 모르는 사이에 담배를 황금으로 뒤바꾼 거예요!

아메리칸 블렌드 버지니아는 자연스럽게 달콤합니다. 당분이 20% 함유되어 있죠. 공기 중에 말린 벌리라는 담뱃잎에는 당분이 2%밖에 없는데 말이에요.

연기가 입안에 머물러 있을 때는 연기가 들락거리는 면적이 비교적 작습니다.

반대로 연기를 폐까지 빨아들이면 연기가 오가는 면적이 분명히 넓어지죠. **테니스 코트** 면적과 맞먹습니다.

그래서 니코틴을 더 빠르고 효과적으로 흡수하죠. 니코틴이 뇌까지 올라가 흡연자에게 필요한 용량에 도달하는 데 **7초**밖에 안 걸릴 겁니다.

이 숫자를 잘 기억해두세요. 7초!

업계 연구자는 이렇게 주장하죠. "당분이 없었다면 아메리칸 블렌드 궐련과 미국 담배업계는 20세기 초에 누린 놀라운 발전을 이루지 못했을 것이다."

그 후부터는 언제 어디서 누구든 궐련을 피울 수 있는 불씨만 있으면 되었죠.

파이프나 궐련을 피우려면 불이 필요했으니까요.

늘 여의치만은 않았지만.

그 불꽃은 1827년 **존 워커**가 **루시퍼*** 라는 이름으로 성냥을 상품화하면서 찾아왔죠. 진짜 악마 같은 명칭이죠!

긁어 불을 붙이는 성냥은 전 세계로 순식간에 퍼져 나가 19세기 말에는 성냥 없이는 불을 못 피울 정도였어요.

그보다 앞서 발명된 라이터는 20세기 초가 되어서야 대중화됩니다.

이렇게 온 세계가 담배를 피울 모든 준비를 갖추었습니다.

이제 필요한 건 딱 하나입니다. **엄청난 양**의 궐련이죠!

---

*   루시퍼(lucifer)는 '악마, 사탄'을 뜻한다.

초기 궐련은 손으로 말았습니다.

담배가 마르지 않도록 종이 양쪽 끝을 꼬아 두었죠.

생산량이 워낙 적었습니다. 1900년 파이프와 씹는 담배가 주류인 담배시장에서 궐련의 점유율은 겨우 2% 였습니다.

물론 이 모든 상황은 **제임스 뷰캐넌 듀크**가 나타나기 전이었습니다.

벅이라고 불러주세요.

벅은 노스캐롤라이나주에서 형제들과 함께 담배 포장 일을 하며 어린 시절을 보냈습니다.

자! 어서! 어서! 리듬을 놓치면 안 된다고!

1881년 학위를 받은 벅은 가족기업을 다시 세웁니다.

미래는 궐련에 있다고요!

W. DUKE, SONS & CO.
SMOKING TOBACCO WORKS

우리 회사는 담배 생산을 전문으로 할 겁니다.

벅의 회사는 담배를 시간당 200개씩 마는 직원을 700명까지 고용했습니다.

속도가 너무 느려!

자! 어서! 어서! 리듬을 타라고!

당시 벅은 겨우 21살인 젊은 엔지니어 **제임스 본색**을 만납니다.

이 기계입니까?

시제품 설계도입니다. 이 기계라면 궐련을 자동으로 제작할 수 있을 겁니다.

당신 직원들은 1시간에 궐련을 200개 말지만 제 기계는 1분에 200개를 만듭니다.

엄청나군요!

당신이 제게는 마지막 희망이에요. 다른 업체들은 생산량이 너무 늘면 다 못 팔까 봐 두려워하며 거절했거든요.

이보시오, 제게 이 기계를 파시죠...

내게 독점으로!

멍청이들! 하나도 모르는군!

비용을 낮추려면 오히려 대량생산을 해야지.

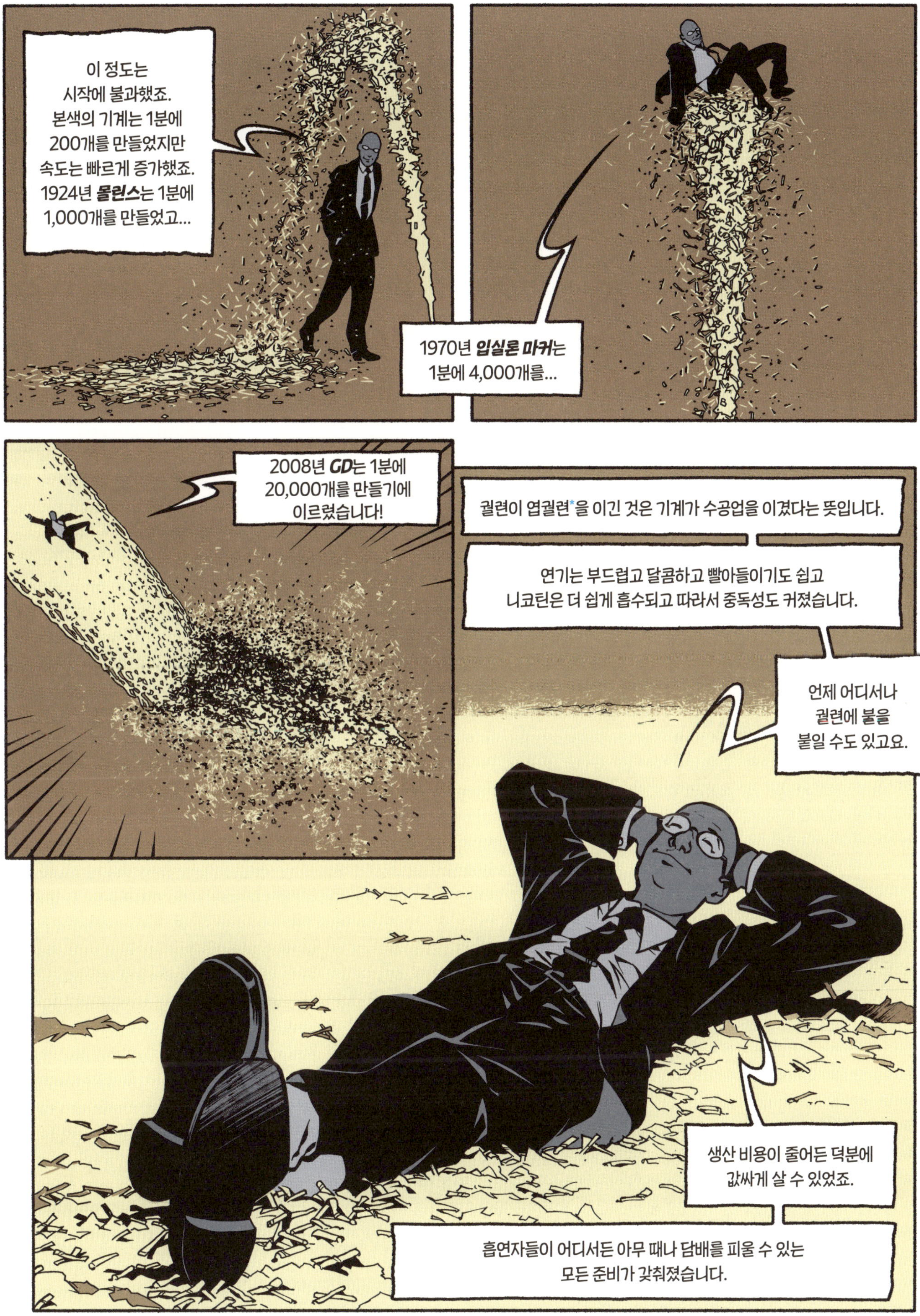

이 정도는 시작에 불과했죠. 본색의 기계는 1분에 200개를 만들었지만 속도는 빠르게 증가했죠. 1924년 **몰린스**는 1분에 1,000개를 만들었고...

1970년 **입실론 마커**는 1분에 4,000개를...

2008년 **GD**는 1분에 20,000개를 만들기에 이르렀습니다!

궐련이 엽궐련*을 이긴 것은 기계가 수공업을 이겼다는 뜻입니다.

연기는 부드럽고 달콤하고 빨아들이기도 쉽고 니코틴은 더 쉽게 흡수되고 따라서 중독성도 커졌습니다.

언제 어디서나 궐련에 불을 붙일 수도 있고요.

생산 비용이 줄어든 덕분에 값싸게 살 수 있었죠.

흡연자들이 어디서든 아무 때나 담배를 피울 수 있는 모든 준비가 갖춰졌습니다.

---

*　담뱃잎을 썰지 않은 채 통째로 돌돌 말아 만든 담배. 시가, 여송연. 반면에 궐련은 오늘날 대다수 판매용 담배와 같이, 종이로 담뱃잎을 말아 만든 담배이다. 따라서 이 책에서 궐련이라고 하면, 오늘날 사람들이 피우는 담배를 가리킨다.

제임스 뷰캐넌 듀크는 누가 뭐래도 장사꾼이었죠.
제품을 홍보하고 경쟁자들과 차별점을 만들려면 창의력을
발휘해야 한다는 걸 잘 알고 있었습니다. 맞나요, 제임스 씨?

벽이라고
불러달라니까!

당시는 궐련이 부서지지 않도록
담뱃갑에 딱딱한 판자 조각을 집어넣었습니다.

벽은 이것을 수집 가능한 카드로 대체한다는
아이디어를 냈고 큰 성공을 거두었죠!

야구, 서부 개발,
남북전쟁 장군, 핀업걸,
여배우, 남배우,
깃발 등등.

담배를 더 많이 사 앨범에 카드를
완벽히 수집하는 것이 목표였습니다.

특히 옷을 야하게 입은 여배우 카드 컬렉션이 젊은이들 사이에서
인기를 끌었는데, 이 젊은이들은 이내 듀크의 특별한 표적이 됩니다.

어린 소년들이
담배를 많이 사도록
부추기는 거라면
뭐든 좋죠!

여기 있어,
어린 친구들...

카드를 모두 모으려면
궐련 12,000개를 피워야 합니다!

11,999개
남았다!

듀크는 자신의 궐련 로고를 새긴 가구를 제작해 소매상에게 무료로 배포했습니다.

벽이라고 불러주세요!

W. DUKE, SONS & CO.
세계에서 가장 큰 담배 제조사

듀크는 지역에 그치지 않고 전국적으로 홍보한 초기 브랜드 중 하나였습니다.

생산비용 절감을 위해 듀크는 모든 브랜드 상자 안에 똑같은 궐련을 집어넣었습니다.

흡연자들은 알 리가 없죠!
하! 하!

유통 효율성을 높이기 위해 그는 중간 단계를 줄이고 생산부터 고객 판매까지 전 단계를 관리하는 전국망도 개발했습니다.

그리고 더럼에 있던 본사를 **뉴욕**으로 옮깁니다.

마지막으로 모든 단계가 잘 운용되도록 듀크는 관리직도 신설했습니다. 그들은 담당부서를 자율적으로 관리할 수 있었죠.

이 새로운 직책은 20세기 중반 미국에 등장한 중산층의 토대가 됩니다.

듀크는 야망이 컸습니다. 전국의 궐련 판매를 장악하고 싶었죠. 작은 곳부터 큰 곳까지 경쟁사들을 사들이기 시작했습니다.

그렇게 판매량을 2배로 늘리고 미국 시장의 38%를 차지하게 됩니다.

1890년 그는 최대 경쟁사 4곳이 '아메리칸 토바코 컴퍼니'라는 기업연합을 만들도록 했습니다. 미국의 궐련산업을 독점한 거죠.

여러분, 우리는 **트러스트***를 만들고 세계 모든 시장을 정복할 겁니다! **벅을 믿으세요!**

20세기 초 **아메리칸 토바코**는 스탠다드 오일과 **US 철강**에 이어 미국에서 세 번째로 큰 트러스트가 됩니다.

1890년 이 트러스트의 자본평가액은 **2천 5백만 달러**였고 20년 후 독점 덕분에 **3억 5천만 달러**까지 불어납니다!

담배의 **왕**은 누구?

벅!

하지만 듀크가 트러스트를 만들던 바로 그 해인 1890년 미국 연방은 트러스트 반대 법안인 **셔먼법**을 공포합니다. 독점을 깨뜨리고 경쟁을 유도하는 법이죠.

셔먼법

* 동종 업종의 기업이 경쟁을 피하고 더 많은 이익을 올릴 목적으로 자본으로 결합한 독점 형태

1911년 미국 대법원은 아메리칸 토바쿄의 해산을 명령합니다.

엉클 샘*, 본때를 보여주세요!

영국에서는 저처럼 빈손으로 시작해 대기업을 세우면 작위까지 수여하던데... 미국에서는 감옥에 집어넣으려고 하네!

그러네요. 물론 영국에서는 당신 같은 농사꾼에게 기회조차 없겠지만...

이로써 새로운 회사 네 곳이 생겨납니다. **리제트 & 마이어스, R. J. 레이놀즈, P. 로릴라드,** 그리고 규모가 축소된 **아메리칸 토바쿄**까지요.

AMERICAN TOBACCO

게다가 또 다른 회사 한 곳이 추가되며 금세 이름을 알렸습니다. 바로 **필립 모리스**입니다.

함께 가요!

화가 치민 듀크는 담배사업에서 물러나 전기업계에 새로 진출했습니다. 궐련 사업이야말로 이제 시작이라는 사실을 몰랐던 거죠.

빌어먹을... 내가 왕이었다고! 내가 **벽**이라고!

* 미국을 의인화한 캐릭터

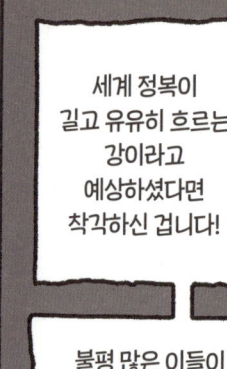

세계 정복이 길고 유유히 흐르는 강이라고 예상하셨다면 착각하신 겁니다!

불평 많은 이들이 19세기 말부터 우리에게 훈계를 늘어놓기 시작했거든요.

1884년 사설에는 이런 얘기가 나옵니다.

스페인의 쇠퇴는 스페인 사람들이 궐련에 굴복할 때부터 비롯되었다. 이 해로운 짓이 미국 성인들을 사로잡는다면 미국의 몰락도 가까워질 것이다!

자, 바로 사실을 확인해봅시다.

궐련을 만나기 전 **스페인** 모습입니다.

좋아!

궐련을 만난 후 **스페인**.

안녕...

예, 맞는 말이네요.

루시 페이지 개스턴 씨를 소개해드리죠. 미국 담배반대연합 대표입니다.

인사하시죠, 루시.

안녕하세요.

담배 = 타락

타락을 멈춰라!

흡연은 부도덕하

담배는 금물이다! 좋을게 하나도 없 (작자 미상...)

루시 씨는 담배 얘기를 농담으로 하는 게 아닙니다.

농담 아니에요.

20세기가 밝아올 무렵, 담배를 향한 싸움에 30만 명 넘게 가세하면서 이 연합은 장애물이 될 정도로 권력을 지닌 강력한 로비단체로 기듭납니다.

1899년부터 1909년 사이 미국 15개 주에서 궐련을 금지 물품으로 정하고 다른 주에서도 판매를 엄격히 제한하죠.

궐련은 도덕의 적이 된 겁니다. 하지만 같은 시기에 판매량이 증가하는 것을 막지는 못했어요.

심지어 거대한 후원자들이 연합을 지지했습니다. **앤드류 카네기, 토마스 에디슨, 헨리 포드**였죠.

우리는 이 작은 **백인 노예제도 지지자** 앞에서 물러서지 않을 겁니다!

내 공장에 흡연자는 금지야!

군대 관리자들조차 신병들이 담배에 중독되지 않도록 노력했습니다.

어쩔 수 없잖소, 요즘 젊은이들은 담배 생각밖에 안 하니...

그 탓에 군기가 엉망이에요!

하지만 미처 생각하지 못한 게 있었으니...

떠엉

전쟁이었습니다...

이렇게 소란스러운 상황에서는 어떤 형태로든 흡연이 기하급수적으로 늘어납니다.

앞에서 말한 것처럼 전쟁도 이점이 있어요. 특히 우리 담배산업에 말이죠.

전쟁은 여론을 완전히 바꿔놓았습니다.

머잖아 입에 포탄이 박힐 젊은이에게 어찌 담배를 주지 않을 수 있겠어요? 비인간적인 처사 아닙니까?

참호에서는 가장 편리한 담배로 궐련이 자리를 잡습니다.

부상병에게 마지막 한 모금을 내주는 것은 지극한 전우애죠...

궐련은 책임 분담과 애국심의 상징이 됩니다. 담배는 힘과 용기를 주죠. **우리의 자유를 위해** 싸우는 젊은이들의 정신건강과 육체건강 모두에 도움이 된다고요!

퍼싱 장군님, 우리가 병사들을 위해 무엇을 할 수 있을까요?

이 전쟁에서 이기기 위해 가장 필요한 게 무엇인지 물으시는 겁니까?

답은 이겁니다. 최소한 **총알만큼 많은 담배**라고요!

불 더럼 같은 담배 상인들은 기회를 놓치지 않았습니다. 한층 고양된 애국심을 앞세워 담배를 전파하죠.

어린 병사들을 향한 연대의 상징으로 여러 단체는 궐련을 전선에 보내는 모금을 합니다. YMCA처럼 전쟁 전에는 흡연자들에게 가장 적대적이었던 단체들까지도요.

온 나라에 지지 단체가 생겨납니다. 여성들, 노인들, 교회들도 모두 이 격렬한 관대함의 물결에 동참하죠.

1917년에는 한 달에 궐련 4억 2천 5백만 개가 전선의 미군들에게 공급되었습니다.

북아메리카

유럽

북대서양

아프리카

모두 다 받았나요? 여러분, 즐기세요, **담배를 피우세요!**

아시겠지만 담배업계가 이렇게 투자한 건 이해관계와 전혀 관련 없습니다.

우리를 위해 싸우는 군대의 안녕을 빌고 그들을 지지하는 뜻 외에는...

담배를 피우는 새로운 방식에 의존하게 된 수백만 명이
전쟁터에서 돌아오면서 흡연 습관이 전국으로 확산됩니다.

귀환을
환영합니다!

전쟁은 궐련에 정당성을 부여했습니다.

궐련은 현대적 감각, 젊음,
남성다움의 상징이 되었죠.

단위: 억

미국에서는 1914년부터 1919년 사이에
판매량이 **세 배가** 되었어요!

2000

1500

1000

500

0

1900   1910   1920   1930   1940

마침내 궐련은 담배를
피우는 가장 대표적인
방법이 됩니다.

결론적으로 전쟁은 그 어떤 마케팅 캠페인보다
비약적으로 시장을 키웠습니다.

이건 시작일 뿐입니다!

전쟁은 언제나 승리자에게 이익을
줍니다. 1차, 2차 세계대전 사이
궐련 소비는 미국에서 다시 **두 배**로 된
반면, 독일에서는 줄어들었죠.

한 번 더
해볼까요...?

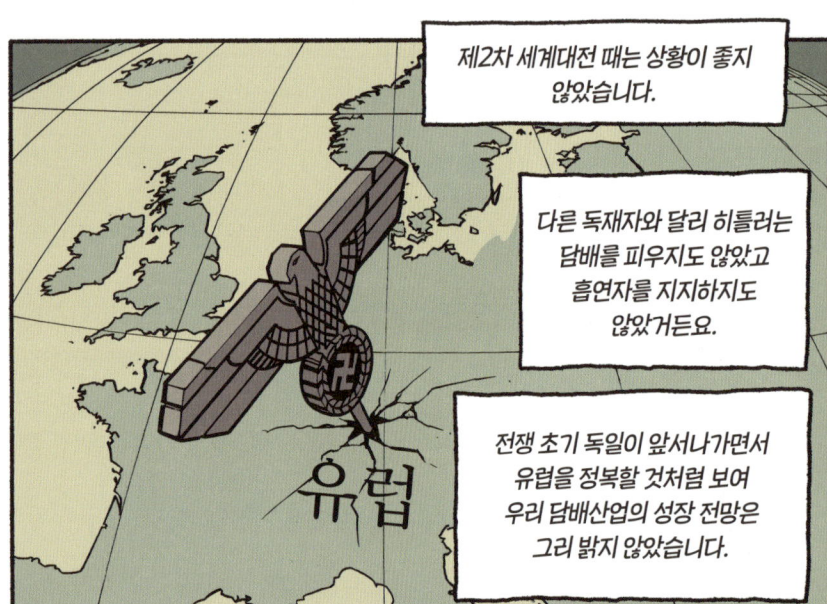

제2차 세계대전 때는 상황이 좋지 않았습니다.

다른 독재자와 달리 히틀러는 담배를 피우지도 않았고 흡연자를 지지하지도 않았거든요.

전쟁 초기 독일이 앞서나가면서 유럽을 정복할 것처럼 보여 우리 담배산업의 성장 전망은 그리 밝지 않았습니다.

유럽

미국은 전쟁을 관망했습니다. 하지만 미국의 재정 상황이 위협받자 결국 대서양을 건너기로 결정했죠.

담배는 전쟁을 잘 이끌고 나가는 데 꼭 필요합니다.

나아가 담배 품질을 높이기 위해 담배 생산 종사자의 징집을 면제하기로 결정했습니다.

루스벨트 대통령

"해병대"는 총에는 총알, 주머니에는 담뱃갑을 가득 채우고 대양을 가로질렀습니다.

담배에 중독된 적 없는 신병들조차 돌이킬 수 없는 중독자가 되었습니다.

후방에서는 여자들이 남자 대신 공장에서 일했고, 흡연 습관도 이어받았습니다.

1940년부터 1945년 사이 궐련 소비는 1,820억 개에서 3,421억 개로 늘어나죠!

하지만 우리가 가장 관심을 기울인 것은 처음에 일어났던 갈등을 되풀이하는 일이 아닙니다.

전쟁이 나쁘다는 데는 우리 모두 동의하니까요. 안 그렇습니까, 여성분들?

우리가 관심을 가진 것은 그 후 벌어진 일입니다.

바로 **유럽 재건을 위한 마셜 플랜***입니다!

1947년부터 1951년 사이 미국에서 유럽으로 보낸 물자 총액은 130억 달러였습니다. 그중 담배가 **10억 달러**를 차지했죠.

마셜 플랜에서는 식량보급 자금의 1/3이 담배와 관련 있습니다. 1947년 한 해에만도 **9만 톤의 담배**를 유럽으로 보냈습니다.

물론 트집쟁이는 늘 있기 마련이죠...

미국 납세자들의 돈을, 굶주리는 유럽인들에게 궐련을 주는 데 쓰는 것은 **수치스러운** 일이라고!

미국 담배는 유럽에서, 민주주의에 해로운 마르크스주의의 확산에 맞서 싸우고 세계 평화 증진에 기여하고 있어.

간단히 말해 담배는 냉전 초기 공산주의 사상 확산을 막아준 가장 좋은 무기입니다. 유럽인들이 미국적인 삶의 방식을 수용하게 만들었거든요.

담배산업은 마셜 플랜을 이용해 남아도는 제품을 보급하고, 유럽이라는 구대륙에 강력한 미국식 궐련 수요를 창출하면서 전혀 새로운 소비자 집단을 확보합니다.

처음에는 마셜 플랜에 담배를 포함시킬 계획이 없었습니다. 하지만 미국 남부의 입법자들, 즉 담배 생산업자들이 계획을 수정하라며 일찌감치 손을 썼죠. 담배 제조업자들에게 가장 만족스럽도록 말이에요.

* 제2차 세계대전 이후 미국의 원조로 이루어진 유럽 경제 부흥계획=유럽 부흥계획.

전쟁 덕분에 남자들은 담배를 피우게 되었습니다. 그런데 전쟁뿐만이 아니었어요.

1929년 경제 위기와 그 후 찾아온 대공황 때 형편이 나빠지지 않은 몇 안 되는 산업 중 하나가 담배 산업입니다. 오히려 그 반대였죠. 궐련은 우울한 사람들의 값싼 친구니까요!

남자들은 담배를 피웠죠. 길거리에서...

일터에서...

일터가 있으면 말이죠.

카페에서...

집에서...

식당과 클럽에서...

남성들에게 궐련은 남성성의 상징이 되었습니다.

눈에 띄는 점이 없나요?

바로 **여자들**입니다!

여자들은 인구의 절반이죠.
즉, 잠재적 소비자의 절반을 차지하고
있다는 말입니다.

여성 소비자라고
불러야 할까요?

남성 흡연자들이
타락했다는 취급을
받았듯이 1차, 2차
세계대전 사이에
흡연 여성들은
여성답지 못한
노출증 환자 취급을
받았습니다.

부끄럽지도 않아?
창녀 같으니!

물론 우리 담배산업은 그런 치졸한
성차별적 클리셰* 앞에서 멈추지
않았죠.

그래서 남성중심적 사회라는 끔찍한 굴레에
갇힌 여성들을 해방시키기로 결심했습니다.

여성들이 투표권을 획득하고 사회적·정치적·성적으로 남성과 동등한 자유를 위해 싸우던 이 시기
이런 해방의 열망을 보여주는 상징이 필요했습니다. 투표용지를 대신해 평등을 향한 열망을 드러낼 상징이 필요했죠.

우리는 한 가지 사소한 아이디어를 내놓았습니다.

1920년대 말 담배산업 광고가 최우선으로 겨냥한 표적은 바로 여성들이었습니다.

---

* 진부한 표현이나 고정관념을 뜻하는 프랑스어

이 일을 성공시키기 위해 아메리칸 토바코는 대중심리 전문가를 고용합니다. **에드워드 버네이즈.**

버니라고 불러도 되나요?

아뇨.

알겠습니다. 경력을 좀 알려주세요, 버니 씨.

내 이름은 버니가 아니라 **에드워드 버네이즈**입니다. 선전활동 전문가죠. 1917년에는 참전 여론을 조성하기 위해 노력하는 미국 정부를 위해 일했습니다.

그런데 버니 씨. 삼촌 지그문트* 얘기는 깜빡하신 것 같군요. 숨기시기는...

맞습니다. 저는 프로이트의 조카죠.

하지만 그것 때문에 저한테 일을 맡기는 건 아닙니다. 커뮤니케이션 심리학과 조작에... 아니, '기업을 위한 여론 관리'에 뛰어나기 때문이에요.

우, 사소한 말실수를 하셨는데! 그러면 삼촌께서 자랑스러워하시지 않을 걸요?

아, 괜찮아요. 누구나 말실수를 하지 않나요?

독자들께 얘기를 좀 더 들려주시죠. 어떻게 여성들을 흡연자로 만들었습니까?

1929년, 힐이라는 광고업자와 함께 아메리칸 토바코를 위해 대중관계 업무를 시작했어요. 언론에 정보를 제공하는 것이 목표였죠. 과학적인 정보도 포함해서요.

담배산업에 우호적인 기사 게재를 목표로 언론사와 돈독한 관계를 구축하려고 했어요. 대중에게 강한 인상을 남길 만한 사건을 만들어내는 것이 목적이었죠. 정보와 광고의 관계가 점점 뒤엉키고 그래서...

워워워! 진정하시고요. 그게 여성들과 무슨 관련이 있죠?

---

* 지그문트 프로이트: 오스트리아의 심리학자 · 신경과 의사(1856~1939). 정신분석학의 창시자로 정신분석 방법을 발견해 잠재의식을 바탕으로 한 심층심리학을 수립했다.

아메리칸 토바코 사장 **조지 워싱턴 힐**이 집무실로 저를 불렀죠...

버니 씨, 이 **얼토당토않은** 금기에서 벗어나야 합니다.

여성들이 우리 제품을 소비하는 데 방해가 돼요. 뭔가 방법을 찾아주세요, **빨리!**

저는 여성의 아름다움을 다시 정의해야 한다고 생각합니다. 우아함과 날씬함... 물론 궐련의 도움을 받아서요.

어떻게 하려고 합니까?

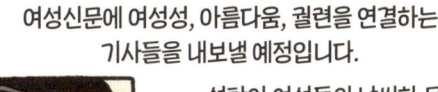

여성신문에 여성성, 아름다움, 궐련을 연결하는 기사들을 내보낼 예정입니다.

설탕이 여성들의 날씬한 몸매에 미치는 부정적 영향을 다루고 설탕 대신 궐련 소비를 제안하는 "**과학적인**" 기사죠.

다른 한편, 궐련은 입의 에로티시즘을 승화한 것이 될 겁니다!

입술 사이에 문 궐련이 여성의 성감대를 자극한다면서요!

궐련은 현대 여성의 **자유를 밝히는** 횃불이 될 겁니다!

그게 무슨 터무니없는 얘기입니까? 완전히 정신 나간 소리를 하고 있네!

저를 믿으세요. 사람들 머릿속에 강렬히 박힐 사건을 꾸밀 테니까요! 모든 신문의 1면을 장식할 행렬, 자유의 행진이 벌어질 겁니다. **유례없는** 광고효과를 낼 거예요!

부활절 다음 월요일, 전통적으로 **부활절 행진**을 벌이는 뉴욕 5번가에서 버니가 작전을 개시합니다.

우리는 자유로운 여성이다!

남자들은 피우는데 **여자들은** 못 피운다고?

부끄러운 줄 알아야지!

창녀들!

전부 다 감옥에 집어넣어야지!

여러분, 길 한복판에서 담배를 피우면서 뭘 보여주려는 겁니까?

헤일 양, 욕하는 남성들에게 어떻게 답하실 겁니까?

이 싸움은 자유와 평등을 위한 싸움이라고 말하고 싶네요.

여성들이여!

자유를 위해 또 하나의 횃불을 들어라!

또 다른 성적 금기에 맞서 싸우세요!

버네이즈는 오늘날까지도 여전히 대중 전략과 마케팅 분야에서 최초로 평가받는 사건을 언론에 터뜨렸습니다.

보시죠. 오래전부터 내려오는 금기를 깨고 사회적 요구라는 가면을 쓴 채 당신네 제품을 홍보하려면 광고 캠페인만큼 좋은 게 없습니다.

1차, 2차 세계대전 사이 불과 10년 만에 궐련 소비가 2배로 성장하는 데 여성들이 큰 몫을 했습니다.

초록색 "럭키 스트라이크"를 요즘 유행으로 만들면 성공을 거둘 거라고 생각하나요?

물론이죠. 여성들은 제가 만든 유행의 기준에 맞지 않는 브랜드 대신 럭키 스트라이크를 무의식중에 더 많이 피울 겁니다.

하지만 이걸로는 충분치 않았습니다. 몇 년 후 버니는 다시 작전에 나섭니다. "초록색 가격"* 이라고 해야 할까요, **하하!**

대중 전략은 복잡하지 않습니다. 두 가지 요소만 결합하면 되죠. 집단심리와 군중의 반응.

Lucky Strike 판매량

우리는 미디어에 크나큰 반향을 일으키는 사건을 만들어 대중에게 각인시키죠.

버니는 바보가 아닙니다. 정보와 광고의 관계는 그만큼 뒤얽혀 있죠.

추진력을 받는 한 여론과 사람들의 가치와 신념을 조작하는 일은 새로운 소비사회의 지배적 방식이 될 것입니다.

괴벨스**는 버네이즈의 열렬한 추종자가 됩니다. 버네이즈가 사용한 방법에서 영감을 받아 제3제국***의 선전물을 만들죠.

여기서 괜찮은 아이디어를 뽑아낼 수 있겠어...

하지만 버니는 여기서 멈출 뜻이 없었습니다.

---

*   당시 럭키 스트라이크 담배 포장은 초록색이었다. 또한, 프랑스어 '작전(couvert)'은 초록(coup)+가격(vert)이다. 그래서 버니의 새로운 전략을 초록색 가격이라고 표현한 것이다.
**   독일 나치에서 활동한 정치인이자 선전선동 전문가
*** 히틀러가 권력을 장악한 시기의 독일제국

1930년 버네이즈는 할리우드의 제작자와 감독들에게 짧은 편지를 씁니다. 궐련이 결코 빼놓을 수 없는 배우가 되었다는 내용이었죠. 수많은 것을 단순한 궐련 하나로 이야기할 수 있으니까요. 궐련이 없다면 똑같은 걸 표현하는 데 말이 너무 많이 필요할 테고요...

주인공들은 최악의 적을... 또는 장인어른을 만나러 가기 전 궐련을 한 대 태우며 용기를 얻습니다.

전화를 기다리는 불안감을 표현할 때 같은 자리를 맴돌면서 수시로 연기를 내뿜는 것보다 더 좋은 방법이 있을까요?

자신이 포위당했다는 사실을 깨달은 악당은 궐련을 반쯤 피웁니다.

그러고는 곧바로 또 한 개비에 불을 붙이죠.

그리고 이 신사는 입에 궐련 두 개비를 물고 불을 붙이고는...

첫 연기를 내뿜으며 한 개비는 사랑하는 사람에게 내밉니다. 정말 친절하군요.

이후 두 사람은 사랑을 나누는
황홀경에 빠집니다.

기쁨의 여운을 느끼기 위해
무엇을 할까요?

더 효과적인 장면은 바로
이 남편처럼 담배조차
피우지 못하는 모습입니다.
아내에게서 야멸차게 버림받은
그는 손에 담뱃갑을 들고 있을
힘조차 남지 않았습니다.

이 친구는
결정을 내리지
못하고 있군요.
제가 말을 좀
걸어봐야 할까요?
담배에 불을
붙여주어야 할까요?

두려움, 공포, 경악이 엄습할 때는
입에 궐련을 물고 있을 힘도 사라집니다.

한편, 궐련은 특히 휴식하는 순간을
일깨워줍니다. 폭풍우가 몰아치기 전
주인공이 작은 기쁨을 즐기고
사적인 만족을 누리는 고요한 순간을요.

입술이나 손가락 사이에 궐련을 잡은 독립적인
여성들의 이미지를 계속 홍보하는 것도 잊지 말아야 합니다.
이들의 해방과 섹슈얼리티를 동시에 상징하죠.

이런 역사는 꽤 오랫동안 이어집니다. 실제로 2000년대 중반까지 계속되죠.

한 대학에서 실시한 연구는 현실보다 영화 속에서 사람들이 훨씬 더 피운다는 사실을 밝혀냈습니다.

등장인물에게 개성을 부여한다며 "예술적인" 소용돌이로 가득 채우는 프랑스 영화는 굳이 말하지도 않겠습니다.

2005년 **우디 앨런** 감독의 『**매치 포인트**』에 등장한 **놀라/스칼렛 요한슨**을 기억하시나요? 현대적이고 독립적인 여성의 전형이자 무척 섹시한 미국인의 원형이죠... 영화 내내 담배를 피운 인물이기도 하고요.

가장 인기 있는 스타들은 계약을 맺었죠. 실베스터 **스탤론**은 **브라운 & 윌리엄슨** 사에서 **50만 달러**를 받고 영화 다섯 편에서 담배를 피웠어요.

전부 다 터뜨릴 테다!

폴 뉴먼, 클린트 이스트우드, 숀 코너리는 담배 피우는 모습을 보여준 대가로 담배 제조업자들에게서 선물을 받았습니다.

2009년 **제임스 캐머런** 감독의 『**아바타**』에서 첫 대사부터 큰 걱정을 했던 **시고니 위버**에 이를 때까지요.

빌어먹을, 내 담배 누가 가져갔어?

담배 제조업자들은 마케팅팀과 버네이즈의 작업에 크나큰 영향을 받은 심리학자들에게서 자문을 받았습니다.

궐련 및 흡연과 관련된 강렬하고 긍정적인 이미지 대부분은 영화와 TV를 통해 조작되고 지속되었습니다.

프로젝트 시작 단계부터 제작을 장악해야 합니다.

시나리오를 담배 제조업체의 투자팀으로 직접 보냈습니다. 이들은 자신들의 브랜드가 시나리오 안에 섞여 들어가도록 했죠.

귀여운 여인

에일리언

맨 인 블랙

머펫 대소동

소일렌트 그림

그러니까요, 줄리아 씨, 「프리티 우먼」의 친구가 개성을 더 잘 드러내도록 영화 내내 담배를 피우면 멋있을 겁니다. 예를 들면, 칼튼 담배 같은 것 말이죠.

그 후 몇몇 대형 제조업체에서는 이런 투자를 줄이겠다고 약속했죠. 하지만 여전히 영화나 드라마에서는 담배를 피우는 주인공을 많이 봅니다. 젊은 세대의 롤모델 역할을 하는 이들 말이죠.

뭐라고 할까요?

고마워요, 버니 씨!

내 사랑 마케팅!

담배업계는 새로운 흡연자를 끌어들이거나 더 많이 피우도록 부추기려고 광고하는 게 아니라고 늘 얘기합니다. 브랜드를 바꾸라고 하는 것에 불과하다고 말이에요.

장난칩니까?

담배 제조업자들의 최고 친구는 언제나 광고업자들과 심리학자들이었습니다.

사실 모든 현대적인 마케팅 기술이 우리의 관심 덕분에 탄생했다고 해도 과언이 아니죠. 우리가 넉넉히 돈을 대준 기관들 덕분에 말입니다.

수집용 카드, 라디오 광고, 게시판, 쿠폰, 영화 속 PPL*, 슈퍼마켓 진열, 티셔츠 브랜딩과 기타 후원 물품, 홍보용 만화, 라디오 프로그램 후원에 이어 TV까지...

작지만 훌륭한 우리 제품을 위해 마케팅 천재들이 모든 것을 발명했습니다!

거대한 수요가 있어야만 그에 부응해 대량생산을 할 수 있죠. 이런 수요는 광고의 힘으로 형성되었습니다.

사실 대중은 자신들이 진정으로 원하는 게 무엇인지, 좋아하거나 싫어하는 게 무엇인지 모릅니다. 그걸 만드는 건 바로 우리입니다. 광고와 마케팅, 욕망, 욕구, 그에 부응하는 메시지를 수단으로 활용해서.

그러니 현대적인 광고의 목표는 제품의 장점을 자랑하는 데 그치지 않고 소비자들에게 욕망을 만들어내는 것입니다. 그러고는 그 욕망을 충족시켜줄 수 있도록 말이죠.

확실히 말씀드릴 수 있는 건 우리 담배업계가 **아주 아주** 일찍부터 발을 내디뎠다는 겁니다. 증거를 보여드리죠...

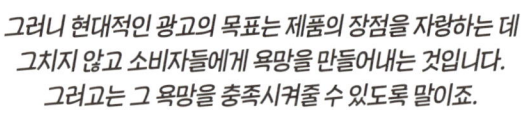

우리의 심리학자들은 소비자의 동기와 욕망을 분류했습니다. 배고픔, 목마름, 아름다움, 섹슈얼리티, 외모 등으로요.

* PPL(Product PLacement): 특정 기업의 협찬을 대가로 영화나 드라마에서 해당 기업의 상품이나 브랜드 이미지를 소도구로 끼워 넣는 광고기법

역사상 최초의 짧은 상업용 광고는 위대한 **토마스 에디슨**이 **애드머럴** 담배 브랜드를 위해 찍은 영상이었습니다.

액션!

그런데 흡연자들이 특정 브랜드를 선호하지만, 실제로 눈을 가리면 서로 다른 브랜드를 구분하지 못합니다.

저도 확인해보고 싶네요. 어떤 담배든 알아맞힐 수 있다는 쪽에 걸죠!

간단한 테스트를 해봅시다...

자, 이건요?

말보로?

아닙니다!

올드 골드?

아뇨, 아뇨.

아, 알겠다! **럭키 스트라이크!**

틀렸습니다.

카멜! 그럴 줄 알았어!

보시죠...

실제로 특정 브랜드를 선택하는 것은 브랜드 이미지, 그 이미지가 주입하는 환상 때문입니다.

결국 좋은 광고 캠페인이 브랜드 성공에 결정적인 역할을 하는 것이죠.

괜찮으시다면 **카멜**을 사례로 살펴봅시다.

정말 제멋대로 구는군. 나는 쌍봉낙타가 아니라 단봉낙타인데.

1913년 **R. J. 레이놀즈**는 티저광고*라는 전국적 규모의 캠페인을 실시했습니다. 이 분야에서는 최초였죠.

쿠폰도 카드도 다른 수단도 없이 단지 전국에 공격적인 티저광고만 했죠. **"카멜이 온다!"**라는 문구뿐이었어요.

카멜은 최초의 전국적인 브랜드였습니다. 마을과 지역을 넘어 처음에는 전국적으로, 그 후에는 전 세계적으로 뻗어 나간 최초의 제품 중 하나로 손꼽히죠.

당시는 이국적인 것이 유행이었기 때문에 카멜은 미국 담배와 중동 담배를 혼합한 최초의 궐련으로 선보였습니다. 다른 브랜드보다 부드럽게 보였죠.

성공은 즉시 나타났습니다. 카멜은 경쟁자들을 쓸어버리고 1918년부터 판매량 선두에 올라섭니다.

낙타에게는 꽤 괜찮은 일이죠!

* 제품 관련 정보를 감춘 채 극히 일부만 소개함으로써 제품에 대한 호기심을 극대화하는 광고로, 제품 정보는 마지막 광고에서 보여준다.

1941년부터 1966년까지 담배 피우는 모습이 담긴 최초의 광고 전광판이 **타임스퀘어**에서 가장 좋은 자리를 차지합니다.

담배 피우는 모델은 바뀌어도 그 입에서 뭉게뭉게 피어오르는 연기는 25년 동안 타임스퀘어 위를 맴돌았습니다.

이 광고판은 **관광 명소**로 거듭났죠!

1980년대 카멜은 사회경제적 지위가 낮은 남성 흡연자를 소구 대상으로 삼았습니다.

이를 위해 이들이 관심을 갖는 행사에서 샘플 무료증정 행사를 벌였습니다. 자동차, 여성, 축제, 음악 등이었죠.

그러다가 **조 카멜**이 등장했습니다!

조 카멜!

조 카멜!

1987년 브랜드 75주년을 맞아 프랑스 시장에서 사용한 삽화를 활용해 눈에 띄고 매력적인 마스코트를 브랜드에 부여합니다. 금세 성공을 거두었죠!

1990년 **조 카멜**의 인기는 아이들 사이에서 **미키 마우스**를 능가합니다. 당국에서도 우려를 금치 못합니다.

압박을 받은 끝에 조 카멜은 **1997년** 활동을 접습니다.

그러자 비열한 인간, 정신 나간 인간들이 즉시 이 멋진 캠페인을 왜곡했습니다.

부끄러운 일이죠. 제 생각이 궁금하시다면!

카멜에게 밀리던 다른 브랜드들은 이 기회를 놓치지 않고 잽싸게 카멜의 뒤를 쫓습니다. 그러면서 **건강하고 역동적인** 시장이 조성되죠!

마케팅 전쟁이 시작됩니다!

가장 먼저 반격에 나선 것은 **조지 워싱턴 힐**입니다. 아메리칸 토바코의 사장 중 다음 상표를 소유한.

조지는 카멜에 대항하는 전국적 브랜드로 키우기 위해 무명 브랜드인 버지니아를 사들입니다. 머잖아 이것에 집착하게 되죠.

럭키 스트라이크!

그의 유일한 삶의 목표는 럭키 스트라이크를 더 많이 파는 데 필요한 에너지를 얻기 위해 아침에 깨어나 식사하고 잠자리에 드는 것이었습니다!

럭키 스트라이크!

자신의 브랜드에 집착한 힐은 럭키 스트라이크 로고를 자신의 롤스로이스에 부착하기에 이릅니다. 자동차 창문 앞에는 담뱃갑을 실에 매달아 걸어두었죠.

힐이 키우는 두 마리 닥스훈트 이름도...

럭키와...

스트라이크!

더 하다간 죽겠어요!

힐은 초기 10년 동안 슬로건 하나를 내걸고 당시로는 엄청난 금액인 **1억 달러**를 마케팅에 두자합니다. **"It's toasted!"** 문자 그대로 해석하면 "구워냈습니다."라는 뜻이죠.

더 이상 말은 필요 없습니다.

"It's toasted"

여러분은 물으시겠죠. 무엇을 구워낸 거냐고요.

조지 씨가 대답할 겁니다.

우리가 사용하는 **벌리** 담배는 구워낸 겁니다. 그래서 좋은 맛이 나죠.

빵을 구우면 맛이 좋아진다는 걸 잘 아실 겁니다. 네, 담배도 똑같습니다.

게다가 그 과정에서 흡연자들의 목을 자극하는 불순물도 사라진다고요.

조지가 기막힌 감언이설로 사람들을 속아 넘기죠! 모두 알다시피 다른 브랜드도 모두 똑같은 제조법을 쓰는데.

다음에는 프로이트 조카 에드워드 버네이즈처럼 럭키 스트라이크도 여성 시장을 공략합니다.

"달콤한 것 대신 럭키를 잡으세요." 몸매를 유지하려는 여성들을 직접 겨냥했죠. 살찌는 사탕 대신 럭키 스트라이크 하나를 피우라고 권하면서 말이에요.

"여성 해방"이라는 시각이 등장한 후에는 여성들의 외모를 전면에 내세웠습니다.

《자유로운》 여성도 여전히 날씬해야 했고, 사랑 대신 럭키 스트라이크를 잡으라고 설득했습니다.

성경을 참고해보죠. 여성은 달콤한 맛에 충동을 느낍니다. 식탐이라는 죄를 씻어주는 궐련으로 속죄하는 거죠. 이중 턱도 막아주면서요. 물론 폐암까지 막을 수는 없지만...

이 캠페인은 물의를 일으키며 분노의 물결을 불러왔습니다. 특히 과자 제조업체들이 분개했죠. 하지만 1931년 럭키 스트라이크가 1위에 오르는 걸 가로막지는 못했습니다.

1941년 판매량이 제자리걸음을 하자, 힐은 유명 디자이너인 **레이먼드 로위**를 호출합니다.

레이 씨, 군인 같은 분위기를 풍기는 초록색이 럭키의 발목을 잡는 것 같아요.

브랜드에 다시 활력을 불어 넣을 패키지 디자인을 만들어 주세요. 성공하면 보너스 **5만 달러!**

오케이!

로위는 초록색을 뺍니다. 초록색은 전쟁의 색상이라는 이유였죠. 실제로는 인상을 또렷이 만들기 위해 뺐지만.

가장 잘 보이도록 로고가 들어간 과녁을 패키지 양쪽에 넣습니다.

디자인계의 스타는 내기에서 가볍게 이깁니다!

판매량은 날개 돋친 듯 증가했고 힐은 즉시 보너스를 지불하죠.

하얀색 포장지가 새로운 건 아니었습니다. **"리제트 & 마이어스"**는 **체스터필드**라는 자신늘의 브랜드에 이미 하얀색을 쓰고 있었습니다. 카멜, 럭키 스트라이크와 더불어 늘 순위를 다투는 브랜드였죠.

세련되고 영국적이며 카멜보다 교육 수준이 높은 대중을 대상으로 했습니다. 우아하고 고급스러운 노선을 취하고 있었죠.

Chesterfield

딱 저처럼요!

앨버트 래스커라는 광고업자의 지침을 충실히 따르던 리제트 & 마이어스는 체스터필드를 피울 만한

"좋은 이유"를 찾아냅니다. 바로 **만족감**이었죠! 소비자들의 욕망을 이보다 더 확실히 충족시킬 수는 없습니다.

"전 체스터필드로 할게요."
...만족스러우니까요.

1930년대부터 1950년대 말까지 체스터필드는 미국 TV 프로그램의 거물 후원자였습니다.

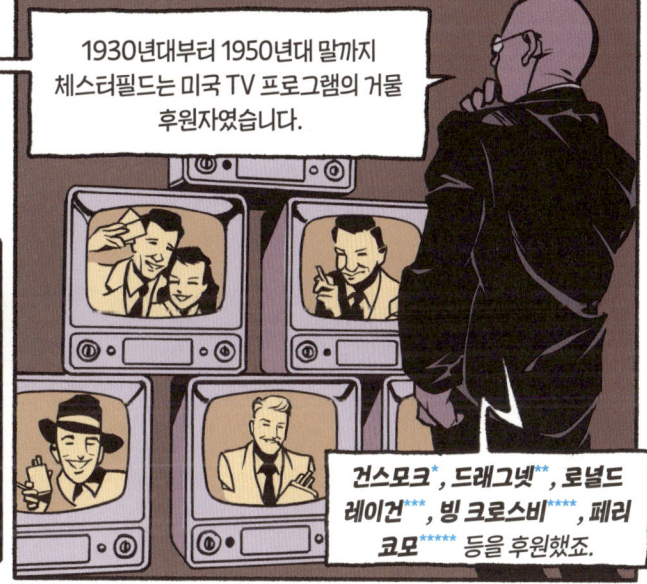

건스모크*, **드래그넷****, **로널드 레이건*****, **빙 크로스비******, **페리 코모******* 등을 후원했죠.

그 유명한 **로드 설링***이 다음 주 에피소드를 안내할 때면...

「**트와일라잇 존**」**으로 여행을 다녀온 후에는 **체스터필드 킹**을 피우며 현실감각을 회복하시면 좋습니다.

제임스 본드***, **미스터 핑크******, **제이크 블루스*******, **개츠비******** 등에 이르기까지 체스터필드는 미국 문화를 상징하는 궐련이 됩니다.

---

* 1950년대부터 1970년대까지 라디오와 TV 프로그램에서 큰 인기를 끈 서부극 시리즈
** 1950년대에 시작한 라디오와 TV 경찰 드라마 시리즈
*** 1940년대 이후 활동한 미국 배우로 훗날 미국 제40대 대통령을 지냈다.
**** 1920년대 이후 큰 인기를 끈 미국 배우 겸 가수
***** 1940년대 이후 큰 인기를 끈 미국 가수

* 미국의 유명 극작가 겸 TV 프로듀서
** 로드 설링이 극본, 연출, 제작을 담당한 유명 미스터리 스릴러 TV 시리즈. SF적 요소가 강한 드라마였다.
*** 이언 플레밍이 창조한 「007」시리즈의 주인공이다.
**** 쿠엔틴 타란티노 감독의 영화 「저수지의 개들」에 나오는 캐릭터
***** 영화 「블루스 브라더스」에 나오는 주인공   ****** F. 피츠제럴드의 소설 「위대한 개츠비」의 주인공

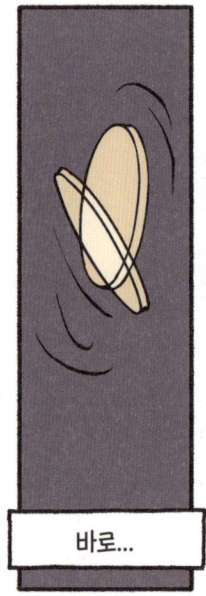

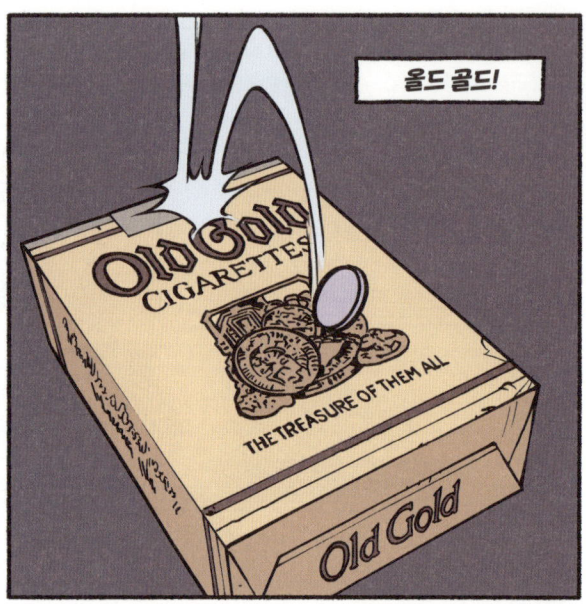

10년 후 뒤이어 **로릴라드**도 새로운 브랜드를 소지한 채 파티장에 들어섭니다.

바로...

올드 골드!

하늘에서 라디오에서 신문에서 계속 늘어나는 대회에서 진짜 보물을 찾으라며 공격적인 홍보를 한 덕분에, 올드 골드는 불과 4년 만에 시장점유율 7%를 기록합니다.

올드 골드! 올드 골드!

올드 골드를 피우세요!

올드 골드를 피우고 전설적인 보물을 손에 넣으세요!

올드 골드를 피우세요!

이 브랜드는 핀업걸*로 유명한 일러스트레이터들을 고용하며 매력이라는 카드를 철저히 내세웁니다. 시장점유율 7%를 기록합니다.

아름다운 여인들, 보물, (죽기 전에 누리는) 삶의 기쁨, 올드 골드까지 그저 기쁨이죠!

내 브랜드가 마음에 들걸? 너 말야, 이 "녀석"아!

* pin-up girl: 대중에게 성적 호감을 불러일으킬 정도로 관능미가 돋보이는 패션모델이나 여배우

이제는 이 연극의 마지막 배우를 불러볼 때가 되었군요.

가라, 조니!

찾으세요, **필립 모리이이이이이스!**

1933년 필립 모리스 브랜드는 마스코트를 찾아냅니다. **조니 로벤티니**는 키가 108cm도 안 되었지만 귀에 쏙쏙 들어오는 목소리로 필립 모리스의 메시지를 미국 전역에 실어 날랐죠.

맛보세요...
하루가 끝나갈 무렵 간절하게요.

필립모리스 제조에는 다른 담배처럼 자극을 유발하는 성분을 사용하지 않으니까요.

Call for PHILIP MORRIS
America's finest 15¢ Cigaretto

훌륭하지만 판매량은 늘지 않았습니다.

썩 꺼져!

1954년 사장들은 모든 것을 걸기로 마음먹습니다.

겨우 명맥을 유지하던 예전 브랜드를 가져와 모든 것을 뒤집었습니다. 더 강하게 혼합한 담배, 새롭고 튼튼한 상자, 코르크처럼 보이는 새로운 필터, 특히... **새로운 로고**를 달았죠!

치명적인 여성들의 매력도 엘리베이터 보이들의 농담도 달콤한 유혹 장면도 종말을 고합니다.
이젠 **진정한** 남자들만 들어오세요!

카우보이 말보로의 탄생입니다.
말, 모닥불, 말 타고 가는 긴 여정, 혼자 건너는 **말보로 컨트리**, 입에 문 궐련 한 개비.

3년 후 판매량은 **3배** 증가하며 하늘로 치솟습니다. 이 삼각형 브랜드는 경쟁자들을 뒤쫓죠.

1971년 담배의 해악에 관한 염려가 여론에 퍼져 나갈 무렵 말보로는 **라이트** 브랜드를 선보입니다.

대격변이 일어납니다. **말을 타세요!**

말보로는 세계에서 가장 많이 팔리는 브랜드가 됩니다. 말보로 판매량은 카멜, 럭키 스트라이크, 체스터필드를 **전부 합친 것**을 능가합니다!

카우보이 말보로는 말을 타고 모든 대륙에 등장합니다. 그리고 한 세대의 아이콘이자 전설이 되죠.

소시지가 다 익은 것 같은데요!

이 담배 마저 피우고 갈게요.

하지만 전설도 죽음을 맞이하고 맙니다. 이 유명한 카우보이에게 상처를 입히려고 만반의 태세를 갖춘 관계자들 절반이 말보로를 겨누었고 결국 죽이고 맙니다.

온종일 안장에만 앉아 있는 대신 운동을 더 했더라면 피할 수 있었을지도 모르는데 말이에요.

스포츠는 우리도 잘 알고 있죠!

무엇을 고르느냐가 문제일 뿐입니다.

모든 경기에는 It's Chesterfield

스포츠를 광고 수단으로 삼는다는 비난은 자주 듣습니다.

그런 비난은 허튼소리입니다! 우리 브랜드가 후원하는 스포츠를 관람하던 비흡연자가 갑자기 나가 담배를 피운다는 게 말이 되나요?

말도 안 되죠! 우리가 수백만 달러를 투자하는 건 우리가 스포츠를 아끼기 때문입니다. 전 세계 모든 젊은이의 신체활동을 지지하는 것이죠!

또한, 시합 전에 피우는 담배의 장점은 누구나 알고 있습니다.

큰 시합을 앞두었을 때 담배는 신경을 안정시키고 긴장을 완화해주죠. 이 모든 게 위대한 챔피언을 낳습니다.

1950년대부터 TV나 라디오로 스포츠 중계를 할 때는 담배 광고를 금지했습니다.

우리를 그렇게 쉽게 없앨 수 있을 거라고 생각하셨나요? 어림없지!

후원이 광고를 대체했습니다. 브랜드마다 전담 직원을 두고 스포츠 경기만 담당하는 팀을 꾸렸습니다.
이 직원들은 현장에 나가 최대한 많은 사람을 자신들의 브랜드로 끌어들였죠.

서비스예요!

감사합니다. 친절하시네요.

그리고 제대로 먹혔어요! 투자에 대한 보상은 엄청났죠.
1달러를 투자하면 최대 8달러까지 수익이 났습니다.

스포츠 경기는 브랜드 명칭을 이용해 대회 이름마저 바꾸었습니다.

필립 모리스가 또 다른 브랜드인 버지니아 슬림스를 위해 후원한 여자 테니스 경기 버지니아 슬림스 서킷처럼.

THE BON presents

THE VIRGINIA SLIMS CIRCUIT

Virginia Slims of Seattle
Official Program

January 31 thru
February 6, 1977

필립 모리스의 아낌없는 재정과 물자 지원이 없었다면 1970년대부터 여자 테니스가 그렇게 도약할 수는 없었을 겁니다.

안 그래요, **빌리 진**[*]?

VIRGINIA SLIMS
KING VS

그렇죠!

여자 테니스 스타인 **빌리 진 킹**은 1971년부터 필립 모리스 사가 고용했습니다.
그녀는 필립 모리스의 광고 캠페인과... 흡연 예방 캠페인에 참여했죠.

필립 모리스 경영진은 담배가 지닌 잠재적 위험을 이해하고 인정하는 교양인입니다.

청소년
금연 캠페인

women's sports foundation
founded by Billie Jean King

담배 제조업자들은 수많은 스포츠를 발전시켰습니다.
그들이 없었다면 발전할 수 없었죠.

여러 스포츠 단체가 활동에 도움을 받기 위해 담배 제조회사의 문을 두드릴 정도였습니다.

모두 줄을 서세요!

[*] 1960년대부터 1980년대까지 활약한 미국 여성 테니스 스타. 메이저 대회에서 수십 회에 걸쳐 단식과 복식에서 우승한 전설적인 선수다.

모든 스포츠 경기는 설령 인기 없는 종목이더라도 언론에 노출되고 새로운 흡연자를 끌어들이는 기회를 제공합니다. 게다가 긍정적으로 반응할 가능성이 매우 높은 사람들이죠.

1990년 말보로는 첫 번째 스폰서가...

부아아아아아앙

1997년 포뮬러1* 대회에 **7천만 달러**까지 투자했죠.

무슨 말이냐면 1990년대 스포츠의 주요 후원자는 **말보로**였다는 겁니다.

기계를 이용하는 스포츠가 주요 표적입니다. **1997년** 연구에 따르면 남자아이들이 모터사이클 경주 팬일 경우, 정기적으로 피우는 흡연자가 될 확률은 **2배** 더 높았습니다.

이 연구에는 또 담배 회사의 후원을 받는 스포츠 경기를 참관한 청소년은 경기에서 본 브랜드를 피우는 경향이 있다고 밝힙니다.
담배 회사의 후원은 남자아이들이 흡연을 시작하고 브랜드를 인지하도록 부추기는 행위죠.

투자에 대한 보상이랄까!

* 포뮬러1(Formula One): 운전석 하나에 바퀴가 겉으로 드러난 오픈휠 형태의 자동차 경주 중 가장 급이 높은 자동차 경주대회

청소년들도 그렇게 말합니다. 제 친구 얘기를 들어보시죠. 1988년 필립 모리스 (PM)의 뛰어난 경영자였던 **저프 바이블**입니다(성경이 아닙니다).

그러니까, 가끔은 귀 청소도 해야 한다고, 저프.

PM사에서 오랫동안 경력을 쌓으면서 청소년을 대상으로 하는 마케팅 얘기는 **단 한 번도** 들어본 적이 없습니다.

사실 담배업계는 흡연을 예방한다는 가면을 쓴 채 청소년층을 새로운 흡연자로 끌어들이려는 내부적 프로그램을 끊임없이 진행했습니다. 여기에는 세 가지 핵심 목표가 있죠.

1. 흡연을 어른들의 행동으로, 즉 성숙함의 상징으로 여기도록 한다.

2. 담배에 금단의 매력을 부여한다.

3. 이 책 맨 앞에 나온 것처럼 청소년들에게 직접 이야기할 수 있도록 대중 전략과 관련된 알리바이를 담배 제조업체에게 제공한다.

1997년부터 대형 담배 제조업체들이 청소년 금연 캠페인에 의무적으로 자금을 지원하도록 하는 법이 시행되었습니다.

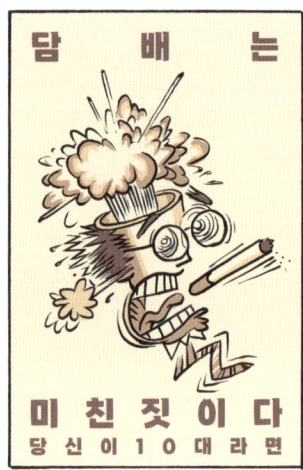

우리 메시지는 분명했죠. 당신이 청소년이라면 흡연은 미친 짓이라는 얘기였는데요...

그 안에는 어른이라면 흡연은 **끝내주게 좋은** 것이라는 함의가 담겨 있죠.

또한, 어른이 된 기분을 느끼고 싶다면 무엇을 하면 되는지 잘 알 거라는 뜻도 주죠.

우리 전문가들은 어린 흡연자를 세 종류로 분류합니다.

쿨럭 쿨럭

우리 광고는 궐련이 남자아이들에게는 술이나 면도와 같고, 여자아이들에게는 제모나 화장과 같다는 점을 강조합니다. 즉, 독립적인 인간이 되고 자신의 정체성을 만들어나가는 것과 다름없다는 점을 어린 흡연자들에게 서서히 스며들게 합니다.

전(前) 흡연자... 학습자... 마지막으로 흡연자.

궐련은 또래 집단에 진입하는 통과 의례죠.

담배 피우는 사람에게 왜 담배를 시작했는지 물어보세요.

어김없이 똑같은 대답을 들을 겁니다.

남들이 피우니까 피웠죠!

솔직히 말씀드리면 처음 궐련을 피우면...

역겨워!

목이 찢어질 것 같아!

현재의 청소년은 잠재적 흡연자라는 사실을 잊어서는 안 됩니다. 따라서 우리에게는 **미래의 황금알을 낳는 거위죠!**

아냐, 나는 멋있는 것 같은데...

참 좋은 시절이었습니다!

아무 소리나 해내고 기분 좋게 원하는 만큼 담배를 피워도 괜찮다고 안심시키면서 사람들을 행복하게 만들어 주었으니까요!

안타깝게도 이 시절은 금세 끝났어요.

담배 광고를 금지한다는 규정이 증가하면서 우리는 충성도 높은 소비자들과 소통할 다른 방법을 찾아야 했죠.

다행히 마케팅 분야 친구들은 아이디어가 끊기는 법이 없죠!

담배나 **궐련**이라는 말을 **절대로** 쓰지 않으면서도 고객들이 제품을 알아보아야 합니다!

똑같은 브랜드로 다른 제품을 파는 방법이 좋겠습니다.

괜찮네요.

짜잔! 도전적인 사람 가운데 과연 인디애나 존스*의 질투조차 무색하게 만들며 **카멜 트로피**를 싣고 외딴 지역을 달리는 일을 꿈꿔보지 않은 사람이 있을까요?

전성기를 달리는 멋진 남성인데 개성도 강하시다고요?

MCS로 이름을 바꾼 1,000곳이 넘는 **말보로 클래식** 상점이 여러분을 맞이하며 스타일을 쇄신해드릴 겁니다!

우리 앞에 있는 문 하나를 닫으면 우리는 또 다른 창문을 찾아내 여러분에게 좋은 기억을 되새겨드립니다!

* 1981년에 처음 상영한 모험영화 「인디애나 존스」의 주인공

미국, 나아가 전 세계는 흡연자의 심리를 이용한 공격적인 궐련 마케팅 덕분에 담배 피우는 법을 익히게 되었죠.

현대적 광고의 목표를 정립한 사람이 있습니다. **앨버트 래스커**는 "합당한 이유", 즉 "the reason why"를 문장에 삽입한 창시자죠.

광고회사 친구들은 시대의 흐름을 면밀히 살폈습니다. 전쟁 시기에는 애국주의를, 해방 시기에는 페미니즘을, 건강을 중시하는 시절에는 의학적 근거를, 여성에게는 날씬한 몸매를, 남성에게는 스릴과 모험을 강조했죠.

한마디로 "the reason why", 즉 그렇게 해야 하는 이유를 제공했죠. 전 세계 남성과 여성이 담배를 피워야 하는 이유를.

파이프나 시가는 사적인 자리에서 담배를 소비하는 방식인 반면,

20세기가 지나면서 궐련은 공공장소를 지배하는 소비 방식이 되었죠.

『뉴욕 트리뷴』 설립자인 **호레이스 그릴리**는 담배란 누군가에게는 불꽃, 누군가에게는 어리석은 짓이라고 말하곤 했습니다.

그렇죠.

그런데 둘 중 정확히 어느 쪽일까요?

궐련은 단순히 잘게 다진 담배를 포장지로 돌돌 만 것이죠.

종이로요.

그렇게 말하면 영 어설프게 들리죠. 궐련은 담배업계가 통제권을 쥐고 오랫동안 전문적인 연구를 한 끝에 만들어낸 매우 고도의 기술이 들어간 소비재거든요.

우연히 생겨난 건 없죠...

궐련에 불을 붙이면 담배가 열분해하며 수많은 물질을 배출합니다(약 4천 가지). 휘발성을 지닌 이 물질들은 여러분의 깜찍한 기관지 가장 깊은 곳까지 침투하는 즐거움을 누리죠. 모세 기관지는 너무 귀엽고요. 그렇게 허파꽈리*를 통해 여러분 몸 안으로 들어갑니다.

담뱃잎은 여러분의 경험을 더 좋게 만들기 위해 우리가 첨가한 수많은 물질로 완성된 복합적인 화학물질입니다.

방부제, 제습제, 색소, 향료, 향, 당분 등.

하지만 이론의 여지 없이 가장 유명한 성분은 바로 **니코틴**이죠!

---

* 허파로 들어간 기관지의 끝에 포도송이처럼 달린 자루로, 호흡할 때 가스를 교환하는 작용을 한다.

니코틴은 부분적으로 탄 고체 담배 입자에 붙어 인체에 침투하는 알칼로이드입니다. 이 입자에는 타르라는 이름이 붙었습니다. 여러분의 폐에 길을 내듯이 침투하죠. 뭐, 별일 아닙니다!

니코틴은 **향정신성** 물질입니다. 여러분의 뇌에 도달하면 행복감을 주는 물질인 **도파민**을 분비해 즐거움과 이완을 느끼게 하죠!

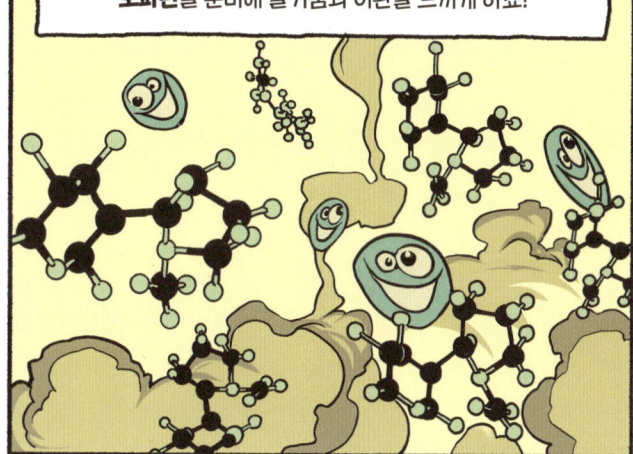

여기에 **아세트알데히드와 피리딘**을 한 꼬집* 첨가하면 효과가 더 커지고 여러분을 열반의 세계로 안내할 겁니다!

여기에 이런 효과도 더하죠. 혈압이 오르고 심장이 뛰고 식욕이 감퇴하고 아드레날린이 분비된 결과, 신진대사가 활발해지며 집중력과 기억력도 높아지죠!

만족을 보장합니다!

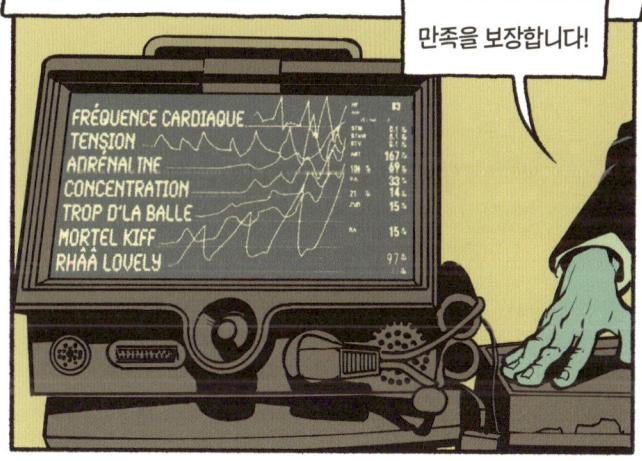

니코틴을 빨아들이면 **7초** 만에(정맥 주사보다 빠른 속도입니다) 뇌에 이릅니다. 하지만 니코틴의 효과는 고작 30분 정도밖에 지속되지 않죠.

그래서 흡연자는 두 가지 이유 때문에 궐련에 불을 붙이게 됩니다. 연기를 빨아들이자마자 느끼는 최대치의 니코틴, 다시 말해 니코틴 주사를 찾는 거죠.

그리고 금단증상을 피하기 위해 혈중 니코틴 수준을 만족스러운 정도로 유지하려는 겁니다.

* 소금이나 설탕 등을 엄지와 검지 끝으로 집을 만큼 미세한 분량을 세는 단위

그래서 평균적인 흡연자는 45분에 한 대씩 궐련을 피워야 하죠.
그러면 하루 중 깨어 지내는 16시간 동안 평균 20개비 피우는 것인데요,
이는 **놀랍게도** 한 갑에 해당합니다.

인생이 딱딱 잘
들어맞지 않나요?

수면 중 인체는
담배를 접하지
못하는데요,
그래서 아침에
처음 피우는 궐련을
가장 기분 좋게
느끼는 경우가
많은 겁니다.
일용할 양식을
주니까요!

인체와 행동에 미치는 영향 면에서
심지어 헤로인이나 코카인도 니코틴과는
비교할 수 없습니다. **대단하죠!**

실제로 담배업계는 궐련이 제품이 아니라 단지 포장일
뿐이라는 사실을 즉시 깨달았습니다.

우리가 파는 제품은 바로 **니코틴**이죠.

궐련은 니코틴을 가장 매력적인 방식으로
소비하도록 여러분을 위해 고안한 수단에
불과합니다.

그래서 고객들이 확실히 의존하도록
니코틴 함량을 최대로 만드는 데
최선을 다했죠.

아차! 제가 하려던 말은...

고객의 **충성심**
이었어요...

여러분이 원하는 것 이상을 드리기 위해 우리 연구자들이 얼마나 노력했는지 상상도 못 하실 겁니다.

암모니아를 조금 첨가하자 혈관에 더 빠르게 침투해 자유롭게 이동하는 니코틴 비율이 증가했습니다.

연기의 수소이온지수를 높여 궐련을 더 알칼리성으로 만들고 더 쉽게 들이마실 수 있도록 했죠.

그렇게 니코틴 함량을 늘리지 않고도 여러분은 더 빨리 만족할 수 있게 된 겁니다.

이렇게 담배업계는 궐련의 니코틴 함량을 늘리지 않았다고 자부할 수 있게 되었는데요, 이 말은 사실입니다. 물론 니코틴 흡수량을 높였다는 얘기는 쏙 뺐죠.

이런 기술은 1960년대 초부터 담배 제조회사들이 적용했습니다. 특히 필립 모리스는 1965년부터 판매량이 폭발적으로 증가합니다.

물론 공식적으로 암모니아를 첨가하는 이유는 오직 궐련의 맛을 돋우기 위해서였죠.

하지만 쉿, 조용히 해주세요. 우리는 사소한 제조 비법을 알려주는 걸 달가워하지 않으니까요.

그리고 여러분은 이런 질문을 던지겠죠. 우리가 어디까지 왔느냐고....

1960년대 말 궐련이 미치는 악영향에 관한 초기 연구들이 신문에 등장하기 시작하자 담배업계는 **필터**를 도입합니다.

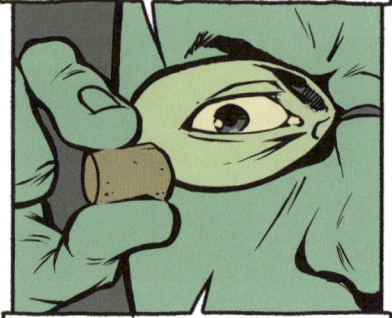

이 혁신을 뒤따라 방대한 마케팅 캠페인을 벌였죠.

하지만 필터를 도입한 건 궐련이 여러분의 건강에 해롭다고 여겨서가 아닙니다. 혹시 모를 상황에 대비한 예방책일 뿐이죠.

우리가 여러분 건강에 얼마나 신경 쓰고 또 얼마나 책임 있게 행동하는지 증명하려는 겁니다. 그렇죠, 여러분?

그야 당연하죠!

단순하게 판단하십시오. 필터는 건강에 해를 미칠 수도 있는 궐련 속 모든 성분을 없애줍니다.

우리가 여러분 건강을 얼마나 하찮게 여기는지 잘 아시죠?

필터는 대단합니다. 하지만 궐련의 맛을 유지하려면 니코틴과 타르 함량을 높일 수밖에 없었어요.

그리고 만족감을 예전과 동일하게 하려면 흡연자가 궐련을 훨씬 더 강하게 빨아야 했기 때문에 연기가 폐의 더 깊은 곳까지 스며들게 되었죠...

연기뿐만이 아닙니다!

보너스로 필터를 이루는 셀룰로스 아세테이트 섬유가 떨어져 나와 여러분의 작고 귀여운 모세 기관지로 들어갑니다.

가장 중요한 점은 소비자들이 필터를 안전장치로 여긴다는 사실이죠.

담배를 끊으려고 했지. 하지만 필터가 있으니 건강에 덜 해롭잖아. 안 그래?

네, 안 그렇습니다.

하지만 중요한 건 여러분이 그렇게 믿는다는 사실이죠. **1966년**부터 **필립 모리스** 사에서 얘기하는 것처럼요...

"필터로 여과한다는 환상이, 실제로 여과한다는 사실만큼 중요합니다."

브라운 & 윌리엄슨 사도 말하죠...

"고객들이 필터의 장점을 충분히 깨닫자, 필터가 있으면서도 맛이 동일한 담배를 원하는 요구가 일었습니다."

우리는 건강에 미치는 위험을 필터가 제거한다고 고객들을 설득했습니다.

하지만 대부분 필터가 달린 궐련을 피우는 흡연자는 예전 궐련을 피울 때와 같거나 심지어 더 많은 니코틴과 타르를 흡수하죠.

담배회사들은 실제로 연기를 여과해 니코틴 함량을 낮추려고 시도했지만 이렇게 시도한 제품들은 모두 쓰라린 실패를 맞이했습니다. **니코틴**이 적으면 = 흡연자의 **만족감**도 줄어들었죠.

역설적이지만 최고의 필터는 바로 담배 그 자체입니다. 궐련을 절반만 피운다면요.

알겠어요, 하지만 궐련을 절반만 피우면 저는 담배를 **2배 더** 사야 한다고요!

그런데 그게 뭐가 문제죠?

보건 당국이 필터가 효과가 없다는 사실을 눈치채지 못하게 하려면 어떻게 해야 할까요?

간단합니다. 우리가 만드는 궐련의 니코틴과 타르 함량 수치를 조작하면 됩니다.

이 수치는 담배를 피우는 기계를 이용해 측정합니다. **임페리얼 토바코**에서는 이 기계를 다정하게 "흡연 노예"라고 부르죠...

이 기계는 절대로 결과를 얼버무리지 않습니다.

이 기계는 궐련에서 뿜어져 나오는 연기를 흡입하며 니코틴과 타르 함량을 측정합니다.

특별히 불법인 점은 없어 보인다고 여기시겠죠.

비결은 바로 궐련 필터에 보이는 미세한 구멍에 있습니다. 기계가 궐련에서 연기를 빨아들일 때 구멍이 열리고 필터를 통해 연기를 들이마실 때 깨끗한 공기가 섞이면서 측정되는 함량을 낮추는 것이죠.

하지만 사람이 담배를 피울 때는 궐련을 입술과 손가락으로 잡습니다. 그러면 필터의 미세한 구멍이 막히죠.

그 결과, 빨아들이는 연기는 오직 필터를 거쳐 오는 것뿐이고 주변 공기는 섞여 들어가지 않습니다. 그래서 니코틴 수치는 **5배** 늘어나고 타르 수치는 **10배**까지 늘어나죠!

빤히 눈뜨고 속는 겁니다!

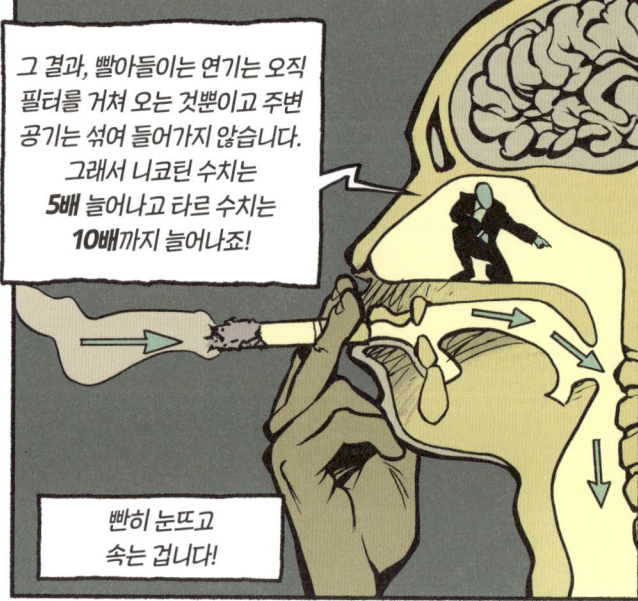

고도의 기술을 이용한 또 다른 계획도 있습니다. "라이트", 심지어 "울트라 라이트" 궐련입니다. "연한(가뿐한)" 궐련 또는 "매우 연한(가뿐한)" 궐련이죠. 궐련에는 **산에서 느끼는 신선한 공기**만 들어 있다는 말도 여러분은 머잖아 믿게 될 겁니다.

잘 아시겠지만 '라이트' 궐련은 흡연자 보호를 위해 만든 것이 아닙니다. 오히려 흡연자들의 금연을 막기 위해 고안해냈죠. 건강에 덜 해롭다고 생각하도록 설득해서요.

니코틴과 타르 수치가 더 '연하다'고 밝히자, 보건 당국은 이 궐련이 표준 궐련보다 덜 해롭다는 결론을 내렸습니다.

말보로 라이트의 판매량은 하늘 높이 치솟았는데요, 그만큼 '가볍다'라는 증거죠, **하하!**

여기서도 비법은 담배에 의존하는 흡연자라면 늘 같은 양의 니코틴이 필요하다는 사실입니다. 일반적으로 연기 속에는 니코틴이 덜 들어 있지만 흡연자는 무의식적으로 자신의 흡연 방식을 조정해나갑니다.

쓰읍... 나쁘진 않네. **그냥 지푸라기** 같은 걸!

원하는 니코틴 양과 중독성을 충족시키기 위해 필터 궐련처럼 더 강하게 빨아들이든 피우는 담배 수를 늘리든 말이죠.

아! 바로 이거야!

프랑스 등 몇몇 국가들은 결국 이런 사실을 알게 되었죠. 그리고 지금은 '연한(가벼운, 경미한) 궐련'이나 '라이트' 같은 말을 금지하고 있습니다.

정리하면 우리가 어떻게 가공하고 어떻게 표현하든 잘게 잘라 말린 담뱃잎은 궐련의 2/3에 불과합니다.

나머지는 **맛**을 내는 물질, **질감**을 내는 물질, **습윤제**, 재활용한 담배로 채우죠. 이게 **전체의 30%**까지 차지합니다.

거기에 당분, 연소 촉진제, 또 필터, 종이, 인쇄용 잉크에…

모든 걸 합하면… **어이쿠!**

불을 붙이면 이 모든 것들이 복합적인 **화학역학적 탕약**이 되어 여러분이 들이마시는 연기 속으로 들어가게 됩니다.

CADMIUM

PYRÈNE ACETALDÉHYDE

NAPHTALÈNE MÉTHANOL

NICOTINE ACIDE CYANHYDRIQUE URÉTHANE NAPHTYLAMINE

TOLUÈNE MONOXYDE DE CARBONE

ARSENIC BENZOPYRÈNE

PHÉNOL POLONIUM 210 DDT

BUTANE PLOMB

MERCURE

CHLORURE DE VINYLE

GOUDRONS STYRÈNE

AMMONIAC

모든 게 작은 물방울이 되어 여러분의 폐로 떨어집니다.

이제는 확실히 아시겠죠?

건강과 관련해 본다면 담배에 반대하는 논의는 담배만큼 오래되었습니다. 실제로 증명된 것은 하나도 없는데도 말이죠...

봐라, 내가 건강에 안 좋다고 그랬지!

그게 아니라니까. 배에서 감기에 걸린 거야.

궐련이 유행 상품이 되자 사람들은 세상의 온갖 해악을 궐련 탓으로 돌렸죠.

처음에는 흡연자들의 도덕성을 타락시킨다며 비난하고 (정말 시시한 일이죠!) 다음에는 온갖 질병을 일으킨다며 비난했죠. **루시 가스통***을 떠올려보세요.

흡연자들은 모두 **수치스러운** 질병과 **추락한** 도덕성 때문에 제정신을 잃고 **타락한 게으름뱅이**들이야!

자, 과장하지 맙시다.

19세기부터 기대수명이 현저히 증가했기 때문에 사람들은 장티푸스, 결핵, 페스트, 기타 등등 여러 이유로 죽을 수밖에 없었죠.

물론 사람들은 궐련 소비와 폐암이 정비례 곡선을 그린다며 연관짓곤 하죠.

왜 우리를 못 잡아먹어 안달입니까?

암이 발생하는 건 대기오염, 아스팔트 분진, 현대적인 농업에 쓰이는 화학비료, 소가 뀌는 방귀, **방사능**, **외계인**, 기타 등등 수많은 요인 때문일 수도 있는데!

* 19세기 후반부터 20세기 초반에 활동한 미국의 금연운동가

20세기 초부터 과학자들은 유별나게 악의를 품고 우리 담배산업을 공격했습니다!

그 증거로 궐련의 해로움을 보여주는 데 가장 열을 올린 건 바로 **나치** 과학자들이었습니다. 모두 알고 있듯이 인류에게 정말 큰 은혜를 베푼 과학자들이었죠.

담배는 나치 독일에 속한 독일인의 신체에서 인종적 순수함을 약화시키면서 **독일** 민족의 힘을 무너뜨린다고!

나치 과학자들은 꽤 멀리까지 연구를 밀고 나갔습니다. 귀엽고 불쌍한 작은 토끼에게 담배의 타르를 발라 종양이 발생하도록 만든 아르헨티나 과학자 **로포** 교수*의 연구를 받아들여 말이죠.

2분만 진지하게 생각해보시죠. 인간은 토끼가 아닙니다!

하아아아...

신께 감사하게도 제3제국에 맞선 전쟁에서 자유진영이 승리했고, 그들의 어리석은 짓은 지하 감옥으로 떨어지고 말았습니다.

전쟁 이후에는 미국과 영국의 의사들과 과학자들이 우리를 향한 싸움을 재개하죠. 그러면서 조금 더 걱정스러워졌습니다.

그래서 회사에서 고용한 전문가에게 요청했죠. **R. J. 레이놀즈** 사에서 일하는 **클로드 에드워드 티크 주니어**라는 젊은 연구자입니다. 20세기 초부터 발표한 담배의 해로움에 관한 50년치 연구를 종합해줄 것을 요청했어요.

괜찮지, 클로?

시키는 대로 해야죠.

---

* 아르헨티나의 암 전문의 앙헬 로포(Angel Roffo)

그리고 **두둥**, 모든 수치를 근거로 결론을 냅니다.

솔직히 고백하면, 조금 걱정은 되었죠...

호흡기 계통 암 발생률이 증가한 직후 궐련 도입과 궐련 소비 증가가 뒤따릅니다.

이는 중요한 질문을 제시합니다. 의사들과 암 연구자들은 궐련 소비 증가에 비례해 호흡기 계통 암 발생률이 증가하는 것은 단순한 우연이 아니라고 받아들이는 것 같습니다.

봅시다!

혹시 제안할 게 있나?

경영진이 문제를 인식하고 이 결과가 우리 산업에서 갖는 함의를 파악해야 합니다.

그리고 확실한 연구를 지체 없이 계획해 실행해야 합니다.

깜짝 놀랐어, 존!*

우리야 당연히 긴급조치를 취하고 있죠. **자유낙하 조치!**

다행히 이후 승진한 티크는 지위를 회복했습니다. 그리고

오늘날 우리는 **청소년**을 직접 겨냥한 홍보를 하지 못하도록 **부당하게** 금지당하고 있습니다.

현실적으로 따져봐야 합니다. 우리 회사가 장기적으로 살아남아 번영하려면 이 분야에서 시장을 확보해야 합니다.

R.J. REYNOLDS
PERSPECTIVES
POUR L'ANNÉE
1973

그러기 위해서는 제 판단에 이 분야에 적합한 새로운 브랜드를 만들어야 합니다.

Immortel

우리가 표적으로 삼는 이 집단에게는 흡연자의 건강에 관한 논쟁이 **중요하지 않은** 듯합니다. 심리적으로 18살짜리 소년은 자신은 **죽지 않을 거**라고 생각하니까요!

---

*   클로드의 이름을 엉뚱하게 부른 것은 상대방을 비아냥대는 의미를 갖는다.
** 담배 브랜드 명칭으로 붙였는데 원래 뜻은 '불멸, 불사, 죽지 않음' 등이다.

게다가 담배를 시작하는 동기 중 금지하는 것에 반항하려는 욕구가 있다면, 담배가 위험할지 모른다는 사실은 오히려 담배에 **끌리도록** 만듭니다.

어른들이 담배를 피우지 못하게 막으면, 청소년들은 반항심에 어른들의 말을 거역하고 담배를 피우는 것이죠.

따라서 청소년을 겨냥하는 새로운 브랜드는 건강에 좋은 것이라고 하면 절대로 안 됩니다. 오히려 **위험하다는 느낌을 품고 있어야** 합니다.

이런 의미에서 본다면 포장지에 경고를 담는 것이 **이득**이 될 수도 있겠죠.

그리고 1997년 **R. J. 레이놀즈 사**의 악명 높은 재판*에서 티그는 심지어 과거를 완전히 감춥니다.

당신은 레이놀즈 사 소속 연구원으로서 1953년 담배에서 나온 물질이 암을 일으킨다는 결론을 내리셨죠, 맞습니까?

음, 말씀드리자면 저는 전문가도 아니고 생물학 분야의 지식도 없습니다. 그래서 제가 내린 평가는 별 의미가 없습니다.

당신 상사들은 당신의 연구가 타당하다고 여겼을 텐데요. 연구팀 팀장으로 당신을 승진시켰으니 말입니다.

제가 어렴풋이 기억하는데 그 연구를 진행할 만한 사람이 마땅치 않았을 겁니다.

제가 풋내기 때인데요. 아마도 그럴듯하다고 여긴 2~3가지 연구 결과를 베꼈을 겁니다...

사실 제가 무슨 말을 하는지도 제대로 몰랐어요.

증거를 살펴보니 제 의뢰인께서는 선의로 업무를 수행했고 제기된 혐의에 대한 책임을 질 필요가 없었습니다.

만족합니다!

---

* 미국 정부 당국과 R.J. 레이놀즈 사 사이에 벌어진 소송으로, 레이놀즈 사 카멜 담배의 미성년 대상 광고 여부를 놓고 당국 조치의 합법성 여부를 다루었다.

그럼 우리 업계가 타격을 받을 뻔했던 바로 그 해인 **1953년**으로 돌아가 봅시다.

티그가 보고서를 발표한 후 두 번째로 우리에게 타격을 입힌 것은 **에쿠스타** 실험이었습니다.

에쿠스타 페이퍼 코퍼레이션은 궐련 포장지와 필터 부속품을 만드는 주요 제조업체죠.

폐암을 일으키는 것이 담배인지 담배 포장지인지에 관한 논란을 종식시키려고 **에쿠스타** 사 연구원들은 생쥐를 담배에서 나온 타르나 종이로 감싸 비교하는 실험을 진행했습니다. 등의 털을 짧게 깎은 후 다양한 종류의 종이로 감싼 궐련에서 나오는 연기를 쐬어주었죠.

최종 결과는 이랬습니다. 암세포라고 일컫는 생물학적 활동을 야기하는 것은 바로 담배입니다. 우리는 암세포 같은 험한 말은 썩 안 좋아하니까요.

에쿠스타 사는 축제 분위기였죠.

우리가 아니다!

거대 담배회사는 반대였습니다.

아메리칸 토바코, R. J. 레이놀즈, 로릴라드, 필립 모리스, 브라운 & 윌리엄슨, 벤슨 & 헤지까지. 모두 표정이 어두워졌죠.

1953년은 암울했습니다. **와인더**의 생쥐 실험은 에쿠스타에서 한 실험 결과를 다시 한번 확고히 만들었고

해먼드 & 혼이 미국 암학회에 발표한 연구는 쐐기를 박을 뿐이었습니다.

바로 이 시기에 『타임』과 『뉴욕 타임즈』에 실린 기사는 이와 같은 연구를 참고해 흡연자들에게 폐암이 발병하는 이유는 담배 때문이라고 확실히 밝히며 대중에게 큰 반향을 일으켰습니다.

우리 대중인데! 흑흑!

그 결과, 담배 소비가 10% 감소했죠.

더 나빴던 것은 우리 주식도 하락하기 시작한 것입니다. 대책이 필요했죠!

1953년 12월 14일 **뉴욕 플라자 호텔**에서 비밀 회동이 열립니다.

여기서 나눈 얘기는 여러분에게만 들려드리겠습니다. 정말 정말 중요한 비밀이지만.

두 가지 전략 중에서 선택해야 합니다. 첫 번째는 굳이 더 입증할 필요도 없는 궐련의 **유해성**을 인정하는 것이죠. 이는 곧 우리가 원인을 알고 있으면서도 건강에 위험한 제품을 **50년도 넘게** 팔아왔다는 사실을 인정한다는 뜻입니다. 그러면 법정에 서게 될 겁니다...

PAUL HAHN
(AMERICAN TOBACCO)
& LES PRÉSIDENTS DE:
R.J. REYNOLDS,
LORILLARD, PHILIP MORRIS,
BROWN & WILLIAMSON,
BENSON & HEDGE
U.S. TOBACCO

...두 번째는 궐련과 암의 관계에 관한 과학적 연구의 현실성에 대한 의문을 은밀히 퍼뜨리면서 고객들을 안심시키고 그 모든 혐의를 **전부 다** 반박하는 겁니다.

물론 그렇게 한다고 궐련이 덜 해로운 것은 아닙니다. 우리 제품의 해악을 제거하는 방법을 찾아 고객들의 건강을 보호해야 할 의무가 있지 않을까요?

우리 의무는 그 무엇보다 기업의 수익성을 확보하는 것이라고 생각합니다.

어쨌든 우리가 담배를 피우라고 강요한 적은 없으니까요...

그러면 어떻게 해야 합니까?

간단합니다.

반박하고 의구심을 부추기고 대중을 안심시키고 거짓 연구에 자금을 지원하고, 무엇보다 여러 정치인들에게 자금을 지원해야 합니다.

암을 반박하는 연구는 우리에게 든든한 버팀목이 되어줄 겁니다. 우리 뜻대로만 된다면.

하지만 이건 우리 대응의 절반일 뿐입니다.

나머지 절반은 대중 설득과 홍보입니다!

여기에 **적격**인 사람을 알고 있죠.

힐 & 놀튼의 존 **W.** 힐입니다!

바로 저입니다...

들어보세요!

1954년 1월 4일 역사상 가장 큰 홍보 겸 정보 조작 캠페인이 미국 전역에서 시작됩니다.* 4천 3백만 부, 446개 신문사, 258개 도시에서 홍보를 하고 모든 대형 언론과 지면, 라디오에서 재방송을 할 것입니다. 궐련을 피우는 모든 흡연자에게 보내는 공개 서한입니다!

우리는 기본적인 책임으로서 대중의 건강에 관심을 가지고 있음을 알립니다. 이는 우리 담배산업의 다른 어떤 사안보다 중요합니다.

우리는 우리 제품이 건강에 해롭지 않다고 믿습니다.

우리는 대중의 건강을 지키는 역할을 맡은 사람들과 늘 긴밀히 협력해왔습니다. 또한, 앞으로도 계속 협력해나갈 것입니다.

우리는 우리 제품이 건강에 해롭지 않다고 믿습니다.

최근 몇 년 동안 연구자들은 폐암을 일으킬 수 있는 수많은 원인을 언급했습니다.

하지만 궐련이 그런 원인 중 하나라는 증거는 전혀 없습니다!

이 논란을 종식시키고 우리의 책임감을 명확히 고취하기 위해 오늘 우리는 담배산업연구위원회, 즉 앞글자를 딴 TIRC 설립을 발표합니다. 이 위원회에서는 담배 소비와 건강과 관련된 모든 현상의 연구를 수행할 것입니다.

예에!

그런데 솔직히 말해 너무 멋있지 않습니까?

* 이 캠페인은 '프랭크 스테이트먼트(Frank Statement)'라고 부른다. 번역하면 '솔직한 성명서'

TIRC의 설립으로 고객의 건강을 우선시하는 우리의 의지를 모든 언론이 높이 샀습니다!

흡연자들에게 어떤 메시지를 주는 겁니까?

위원회 연구원들은 어떤 주제를 다룰 예정입니까?

폐암을 일으키는 원인이 무엇이라고 생각하십니까?

진정하세요!

질문에 모두 답해드리죠.

과학적 의학 연구자들은 암을 일으킬 수 있는 원인은 여러 가지라고 밝힙니다.

현재로서는 담배중독과 암 사이에 확실한 과학적 근거가 없는 상황입니다.

과학적 **가치가 전혀 없는** 통계조사만 있을 뿐이죠.

담배를 피우면서 기뻐하고 또 만족을 얻는 수많은 분께 우리가 최대한 빠른 시일 안에 모든 것을 밝혀낼 과학적 수단을 모두 동원하고 있다는 사실을 분명히 말씀드릴 수 있을 것입니다.

이상입니다. 감사합니다.

"과학적"이라는 말을 **네 번** 썼는데요, 괜찮죠?

더 완벽한 홍보를 위해 우리는 전략을 관리하는 홍보부 안에 **TIRC** 사무실을 설치했습니다.

물론 우리 목적은 궐련이 폐암을 일으키는 주요 원인이 아니라는 사실을 입증하는 게 아니었습니다. 이를 의심하는 사람은 하나도 없으니까요. 그보다는 독립적인 연구를 진행한다는 메시지를 뒤섞어 사람들을 혼란에 빠뜨리는 게 목표였죠.

이제 위원회를 이끌 지도자만 있으면 됩니다.

우리는 보기 드문 진주를 찾아냈죠. **클라렌스 쿡 리틀!**

ANNUAIRE DE LA MAUVAISE FOI

강경한 보수주의자이자 담배회의주의자입니다.

200년 동안 우리는 이런저런 이유로 담배를 공격했습니다. 이제는 진실을 바로 세울 때가 되었습니다.

아닙니다. 궐련에도 그 어떤 담배에도 발암물질은 없습니다.

몇몇 연구는 과도한 궐련 소비와 질병이 연관이 있다고 주장할지 모르죠. 하지만 다른 제품도 과도하게 소비하면 마찬가지 아닌가요?

중요한 것은 헤비 스모커가 되는 건 누구이고 왜 그러는지 파악하는 것입니다.

누구나 담배를 피우지는 않습니다. 모든 흡연자가 헤비 스모커도 아니죠.

이를 결정하는 요인은 무엇일까요? 스트레스? 유전? 환경? 아무도 모릅니다.

TIRC는 담배와 건강의 관계를 모든 측면에서 연구할 것입니다. 상당한 예산을 투여해 말이죠.

연구자들은 **TIRC**에서 예산을 지원받겠지만 과학자들은 각자의 연구실에서 독립적으로 조사에 임할 겁니다.

만약 연구자들이 궐련과 암 사이에 어떤 관계가 있다고 밝혀낸다면 당연히 이를 즉시 공개하겠죠. 그리고 우리는 원인이 되는 모든 요소를 제품에서 제거할 겁니다.

지금은 그런 걸 미처 입증하지 못했죠.

보시다시피 책임자가 책임을 지고 연구의 중심이 되는 6가지 축을 설정했습니다.

유전	감염	영양	호르몬	스트레스	환경요인

담배 소비라는 항목은 없다는 걸 확인하셨죠.

담배 소비는 수많은 환경적 요인 중 하나 아니겠어요?

어쨌든 우리는 어마어마한 돈을 투입합니다. 40년 동안 TIRC는 담배와 건강에 관한 연구자금을 세계에서 가장 많이 지원하는 단체가 됩니다. 특히 건강과 관련해서요.

3억 달러 넘게 투입합니다!

이 모든 연구 결과는 담배가 암을 유발하는 원인이라고 지적한 결론을 확고히 할 뿐이었죠.

잠시 유보...

발암물질 입니다.

사실 **TIRC**는 **힐 & 놀튼** 사 홍보부의 통제를 받고 있었습니다. 이들은 연구 결과 발표를 허가하거나 공개를 거부했죠.

그래서 파쇄기로 가는 것이고요...

발표 일자를 늦추는 전략 실행이 목적이었습니다. 불편한 진실에 다가가지 못하도록 막으면서요.

전반적으로는 맞습니다.
우리는 궐련이 폐암과
심혈관계 질환을 일으키는
원인이라는 사실을 알고
있었어요. 하지만 이 사실을
인정하면 큰 비용을 치러야 할
것이 뻔했죠.

이봐, 우리도 비용을
치렀다고...

물론 제 판단에 우리가 돈을 못 번 것은 아니라고 봅니다. 왜냐하면 **1954년의 프랭크 성명서**와 우리가 처음으로 직면한 난처한 일들 사이에는 40년 정도의 시차가 있었으니까요. 그동안 우리는 미래를 예측하고 자본을 축적하며 또 다른 시장을 장악하는 전략을 실행할 수 있었습니다. 이 얘기는 뒤에 다시 하죠.

1970년대 초 과학계와 언론은 TIRC의
편파성을 문제 삼기 시작합니다.
그동안 TIRC라는 명칭은
CTR로 바뀌어 있었죠.

여러분은 분명히
이런 의문이 들 겁니다.
'담배와 암의 상관관계가
확실했는데도 어떻게
40년을 더 끌 수 있지?'

칵테일을 마저 마신 뒤에
알려드리죠!

담배산업은 자신들의 이익 극대화를 발목잡을 수도 있는, 담배에 반대하는 온갖 법과 수정안을 막을 수 있는 궁극적인 대책을 신속히 찾아냈습니다.

민주당

공화당

그 사례요?

제 친구 **W.** 기억하시죠? 그 왜, 있지 않습니까?

우리가 아무에게도 부탁하지 않았는데 미국 대통령이 된 사람.

너도 기억나지, **조지**야?

어... 뭐, 대충은...

2000년

George W. BUSH FOR PRESI

조지 W. 부시*는 수많은 지원금과 더불어 **빅 토바코****에서도 선거자금을 받습니다.

그가 백악관에 입성할 때 비서이자 핵심 고문이자 개인적으로도 친분이 있는 유쾌한 친구 **칼 로브**는 **필립 모리스** 사의 업무도 계속 맡고 있었죠.

걱정 마, 조지. 내가 다 맡아서 할게.

어이, 친구. 여기 서명!

이게 뭔데?

소비자들이 우리 회사를 상대로 제기한 소송에서 받을 수 있는 손해배상금의 상한을 제한하는 내용.

그러니까... 모든 기업.

대통령에 당선된 지 6개월 후 부시는 전임 대통령이 금지했던, 초등학교 반경 300m 안에 궐련 광고를 게시하는 것을 다시 허가합니다.

PHILIP MORRIS
GREAT AMERICAN SUPER LIGHT TASTE

reeport Primary School

---

* 2001년부터 2009년까지 제43대 미국 대통령을 지냈다. 그의 아버지 조지 워커 부시(George H.W. Bush)는 1989년부터 1993년까지 제41대 미국 대통령을 지냈다.
** 담배산업의 대표적인 기업들을 가리키는 호칭

우리가 공화당에만 손을 썼다고 생각하면 안 됩니다.

2000년 이전 미국 국회의원의 82% 이상이 담배업계에서 일정한 자금 지원을 받았습니다.

2007년 미국 총선 하원의원

덧붙여 상원, 대표들, 하원, 시장, 그 밖에 다른 곳들까지 모든 협회가 우리 지원금을 받았죠.

이로써 우리가 내세운 메시지는 분명했습니다. 당신들이 우리를 공격하면 후원을 끊는다.

이처럼 단순합니다. 게다가 우리 친구인 NRA*가 실수할 리 없잖아요.

그도 똑같은 정책을 활용하고 있으니까요.

당신의 건강을 보증하는 우리 의사 친구들은 어땠냐면...

담배의 해악에 관한 의무총감의 보고서를 거부합니다. 현 시점에서는 검증이 필요하다는 주장입니다.

미국의학협회

뭐, 별로 어렵지 않았습니다.

약속한 대로 당신들 연구에 적당한 지원금을 챙겨드리죠.

또한, 담배산업에 의존하는 남부 주의 국회의원들은 오바마케어**의 원형인 메디케어***를 실시하겠다고 협박했습니다. 미국의학협회에서 의무총감의 보고서를 지지한다면 말이죠.

어쨌든 의사들은 환자의 건강보다 의료보험으로 수입이 줄어드는 데 신경을 더 많이 쓰더군요. 제가 더 드릴 말씀이 있겠어요?

* National Rifle Association(전미총기협회). 개인의 총기 소지 합법화를 위해 전방위적인 로비를 펼치는 것으로 유명하다. 미국 정계에서 미-이스라엘 공공위원회(AIPAC)와 함께 가장 강력한 로비단체 중 하나로 꼽힌다.
** 오바마 전 대통령이 주도한 미국의 의료보험형 제도로 전 국민의 건강보험 가입을 의무화하는 내용이 핵심이다.
*** 연방정부가 사회보장세를 20년 이상 납부한 65세 이상 노인과 장애인에게 의료비의 50%를 지원하는 미국의 노인의료보험제도. 오바마케어와 메디케어, 한국의 의료보험제도 등 정부가 개입하는 공공의료제도는 사적 의료제도에 비해 의사의 수입을 줄어들게 한다. 이는 의료비를 공공단체가 정하기 때문이다. 따라서 의사의 이익을 대변하는 단체들은 공공의료제도 대신 사적 의료제도를 선호하며 공공의료제도 아래서는 비의료보험 치료 항목을 늘리기 위해 노력하는 것이 일반적이다.

우리를 대표하는 로비스트들은 상원과 담배를 생산하는 다른 주의 국회의원들을 연합시켰고...

게다가 광고업계, 세금반대협회, 그리고 시민의 자유를 옹호하는 모든 단체도 연합시켰죠.

우리만 믿으세요!

실제로 이들은 소비자가 제품으로 인해 피해를 입을 경우, 제조업체의 무죄를 사전에 입증하는 개정안을 통과시키는 데 성공했어요. 제조업체가 제품을 그보다 낫게 만들 수는 없었다고 평가하면서 말이죠.

절단기니까 절단을 하겠죠. 미리 알려드렸는데?

이런 압력단체 중 한 곳인 **텍사스 시민정의연합 (Texas Civil Justice League)**은 심지어 담배, 술, 화기를 소송 가능성이 있는 제품 목록에서 삭제하기까지 했습니다. **물론 자유라는 이름으로요!**

로비스트들은 담배산업에 반대하는 수백 가지 법과 개혁안의 **90%**를 무효로 만들었습니다.

이들의 권력 덕분에 우리는 모든 규제를 피해갈 수 있었고 담배는 끊임없이 FDA(미국 식품의약국)와 같은 보건단체의 관할에서 예외 취급을 받았습니다. 의회에서 모든 개혁안이 통과되는 걸 막으면서요.

물론 이런 행운이 오래 갈 수는 없었습니다.

첫 번째 공격은 그 유명한 **의무총감**의 보고서와 함께 1964년에 찾아왔습니다. 의무총감은 미국 보건부 총리에 해당하는 인물인데요, 담배와 암 사이에는 상당한 인과관계가 있다고 확실히 못을 박았습니다.

아이쿠!

그것 때문에 우리가 멈춘 것은 아니지만 곰곰이 생각해보았죠.

이제 담배의 해악이 드러났고 더 이상 담배업계가 이를 몰랐다고 말할 수는 없으니, 흡연자들이 보고서의 내용을 실제로 인지하는 시점의 연기를 목표로 삼았습니다.

관리당국이 가장 먼저 취한 조치는 고객들에게 흡연의 위험을 알리는 문구를 의무적으로 담배 포장지에 기입하는 것이었죠.

DANGER

바로 여기서 로비 기계가 작동했습니다!

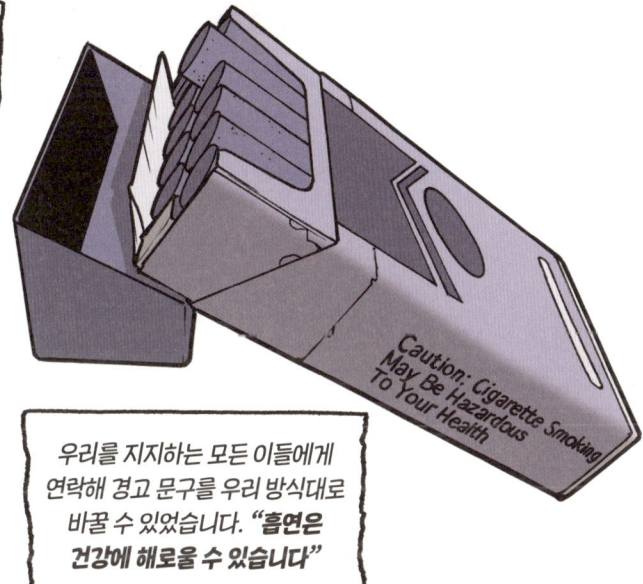

Caution: Cigarette Smoking May Be Hazardous To Your Health

우리를 지지하는 모든 이들에게 연락해 경고 문구를 우리 방식대로 바꿀 수 있었습니다. "**흡연은 건강에 해로울 수 있습니다**"

교묘히 흡연자에게 책임을 넘긴 셈이죠. 흡연의 위험도 흡연자가 감당하도록 하면서요. 또한, '해로울 수 있다'라는 표현을 이용해 우리는 위험을 '모른다'라는 점을 다시 한번 부각시켰죠.

내 잘못이지, 다 내 잘못이야...

문구를 고친 후 우리는 이 문구를 포장지에 기입하는 것을 받아들였습니다. 향후 **4년 동안** 우리에게 다른 규제를 강요할 수 없다는 조건으로요.

사람들이 우리를 비난할 수 없었던 것은 사실 우리를 위해 직접(농민) 또는 간접적으로(소매업자) 일하는 수많은 사람을 우리가 먹여 살린다는 사실 때문이었죠.

또 있습니다...

우리 담배업계는 박대한 세금, 즉 돈을 나라에, 즉 **여러분에게** 돌려줬어요.

이것을 **2차 중독**이라고 부르는데요, 이것 없이 지내기는 무척 힘듭니다.

담배에 세금을 매긴 건 17세기부터였습니다.

국가는 통제하기 쉬운 이 상품으로 어떤 이익을 얻을 수 있는지 금세 파악했죠.

1930년대에도 담배세는 소득세에 버금가는 많은 돈을 미국에 가져다주었습니다.

이 시기 유럽 국가들은 담배세로 평균 세입의 15%를 확보했습니다.

담배 때문에 생긴 피해로 훨씬 더 비싼 대가를 치를 거라는 사실은 모른 채 말이죠!

가장 흥미로운 사례는 중국입니다. 중국은 1950년대 초 궐련 소비량이 **8천억 개**를 넘어섰고 1990년대 중반에는 **1조 7천억 개**를 넘어섭니다. 공산주의 정권인 국가가 소비를 촉진해 어마어마한 이익을 누렸죠.

1990년대부터는 판매를 줄이기 위해 세금을 꽤 많이 올립니다. 특히 몇몇 유럽 국가들이 그랬죠.

하지만 국가들 간 세금이 달라 담배 중독자들의 여행과 밀수입이 늘어납니다. 솔직히 말해 밀수는 그 누구에게도 문제가 되지 않았는데요, 이는 뒤에서 자세히 살펴볼 겁니다.

1960년 새로운 적이 등장하면서 골칫거리는 계속됩니다. 바로 세계보건기구인데요, WHO라는 약자로 더 잘 알려져 있죠.

World Health Organization

우리는 담배중독과 폐암 사이의 연관 관계가 입증되었으며, 확인할 수 있는 증거에 따르면 궐련을 피우는 것이 폐암을 유발하는 원인이라는 결론을 내렸습니다.

WHO Expert Comitee-1960

직접 확인하셨습니까?

전쟁을 벌이고 싶으면 그렇게 하시죠!

여러분, WHO가 담뱃잎을 팔지 못하도록 막으려고 한다는 얘기 들으셨나요?

그러면 먹고살 것도 사라지고 아이들은 굶을 것이며 소와 개를 기를 수도 없고 집과 수레도 사라지고 맨발에 모자도 못 쓸 것이며 **콧수염도 사라집니다!**

콧수염도요?

당연히 콧수염을 길러야죠.

어떻게 해야 합니까?

당신네 정부가 담배 재배를 지원하면 됩니다.

그리고 착한 사람들이 흡연을 금지하기 전에 당신들의 경제적 이해관계를 관철시키면 됩니다. 아시겠죠?

전혀 과장이 아니라 WHO는 2005년까지 우리를 끈질기게 따라다녔어요. 그 해 WHO는 "담배중독이라는 전염병의 세계화를 억제하기" 위한 **기본 협약**을 내놓습니다. 기껏해야 그뿐이었죠.

WHO 의장이 집행한 이 협정은 조인국이 168개 국이었고 그중에는 유럽연합도 포함됩니다. WHO 역사상 유례없는 숫자였습니다.

이 협약 안에 어떤 내용이 있는지 궁금하시죠? 간단히 말하면 어쩌구저쩌구 또 어쩌구저쩌구입니다.

담배 수요를 감소시키기 위한 경제적 조치...

간접흡연 방지 대책...

궐련 구성 성분 규제...

제품 분류...

담배 의존 탈출을 위한 금연 지원 방안...

대중의식 고취를 위한 예방과 교육 프로그램...

등등 수없이 많습니다.

끼어들 구석이 없잖아!

우리가 가만히 앉아 있지는 않을 겁니다.

이제 우리도 **반격**을 할 거예요!

여러분, 기자 일이나 하라고 우리가 돈을 주는 게 아닙니다.

WHO 기자회견 때 던질 질문 목록 가지고 계시죠?
활기차게 망설이지 말고 공격적으로 나가시고
WHO를 혼란에 빠뜨리도록 조직적으로 움직이세요.

오늘은 담배에 관한
보건정보 프로그램을
소개하겠습니다.

흡연자들의 자유를 빼앗으면서 돈을 낭비하지 말고
그 돈을 다른 데 쓰는 게 낫지 않습니까?

어린이 예방접종!

진짜 마약 제거!

모두를 위한
물 공급!

두 달에 한 번은
「타임즈」, 「텔레그래프」,
「월 스트리트 저널」,
「이코노미스트」 등에
기사를 내요.

정크푸드*, 전자파, 지하수 오염을 부각시키세요.
온 세계를 헐뜯는 거죠. 우리만 빼고. 알겠습니까?

우리가 집행하는 광고가 수익의 상당 부분을 차지하는 이상
언론이 감히 우리에게 반대하는 캠페인을 진행할 수는 없죠.

우리는 궐련을
아주 좋아하죠!

직접 광고가 금지된 후에는 새로 밀어붙일 방법을
찾아야 했어요. 즉, 새로 합의할 방법을.

게다가 우리는
돌아가기의
황제죠!

* Junk Food(쓰레기 식품). 열량은 높지만 영양가는 낮은 즉석식품

업계 사장들은 활동을 다각화할 좋은 아이디어를 냈습니다.

1985년 **R. J. 레이놀즈(카멜)**는 **나비스코** 사를 사들였고 1988년에는 **필립 모리스 (말보로)**가 자회사인 **제너럴 푸드**를 통해 **크래프트 푸드**를 사들입니다.

식품업계의 두 거물이죠.

궐련 광고가 금지된 후에도 우리는 언론에 계속 압력을 넣었어요.

내가 주는 과자를 받아먹고 싶으면 네 신문사도 얌전히 굴어야지?

멍! 멍!

우리를 방어하기 위한 또 다른 공격 수단도 있었습니다. **바로 자유죠!** 개인의 자유는 미국의 기반입니다. 흡연자들 스스로 원인을 깨닫고 위험을 감수하며 자유를 누려야 해요.

완전히 자유롭게 흡연하기 위한 자유로운 흡연자들의 자유연합

흡연자들이 자유롭다고 여기도록 우리가 조금 손을 쓰고 있지만요.

우리가 자금을 대는 새로운 흡연자 연합들은 우리에게 공격을 퍼붓는 영구적 규제에 맞서 흡연의 즐거움을 내세웁니다.

1994년까지 담배 제조업체들의 로비를 통해 직간접적으로 행사한 압력은 효과적인 결실을 맺었습니다. 담배는 늘 보건당국의 통제를 벗어났으니까요.

스스로 조작당하도록 방치하는 소비자들의 자유, 과학적인 의심, 경제적인 압력, 정치의 도구화...

자화자찬은 아니지만 그래도 우리가 이 모든 걸 해냈다는 사실은 인정해야죠!

우리가 방어를 위해 내세운 핵심적인 주장을 그대로 활용해 반격을 가해 왔습니다. **자유!**

아야!

이 모든 일은 간접흡연을 입증하는 몇몇 연구에서 비롯했습니다. 간접흡연 피해자는 흡연자 주변 사람들인데 이들에게서도 암이 유발되었다는 것이죠. 저는 생물학적 활동이 증가했다고 표현하고 싶네요.

이봐, 친구들. 저녁에 그렇게 할 일이 없어? 가서 술도 한 잔하고 여자들도 만나란 말이야. **그렇게 좀 살아보라고!**

주변 사람들이 들이마시는 연기의 일부는 흡연자가 내뿜는 것이고 나머지는 흡연자가 피우는 담배에서 나오는 것입니다.

"금연"이 즉시 그 틈을 파고들기 시작했죠...

담배를 피우지 않을 자유가 유린당하고 있다는 주장을 하면서요.

공공장소에서 흡연을 금지하는 방침이 우후죽순 생겨나기 시작합니다. **애리조나**가 포문을 열었고(1973년부터) **미네소타**가 그 뒤를 이었어요(1975년).

수백만 달러를 동원해 로비를 다시 시작해

그나마 좋은 결과가 나왔죠. 1978년 캘리포니아에서 주민투표를 수포로 만드는 데 총 6백만 달러 넘게 들었습니다!

금지 조치의 이점은,
늘 이들 우회할 방법이 있거나
적어도 효과를 늦출 수 있다는 거죠.

식당을 볼까요. 금연구역을 만든 건
정말 기발하지 않습니까?

빅 토바코가 만든 물리 법칙이죠.

NO
SMOKING
SECTION

그 후 흡연자들은 점점
공공장소에서 밀려나기
시작했습니다.

담배 연기가 비흡연자들에게
문제를 일으키기 쉬운 곳에서
말이죠. 비흡연자들 너무
참을성 없는 것 아닌가요?

당국이 흡연에 대한 개인의
자유에 어디까지 개입할
수 있는지 파악하는 것이
관건입니다.

우리 기업들은 우리의 모든
자유를 공격하는 사회의
희생양이 되었죠.

오늘은 담배이지만
내일은 커피, **초콜릿, 치킨**이 표적이 될 거라고요!

경고했죠! 여러분의 자유의지가 위험에 빠졌다고요.
이제 니코틴에 중독되어 서서히 죽어가는 길을
걸을 자유가 사라진 겁니다.

견딜 수 없어요!

공공장소에서 흡연자들을 쫓아내면서 우리 제품 홍보도 금지하기 시작했습니다.

21세 이하를 겨냥한 광고도 안 되고 궐련이 건강에 좋은 영향을 미친다는 주장도 안 되고 성기능 강화, 유혹, 성공, 섹스를 연상시켜도 안 되고... **정말 슬픈 일이죠!**

25세 이하 모델을 써도 안 되고 영화나 스포츠 스타도 안 되고 인물 초상화도 안 됩니다.

이에 우리의 선의를 보여주고자 **1964년부터** 자체 규제 규정을 실시했어요. 위반할 경우, 벌금은 10만 달러라고 위협하면서 말이죠.

위반한 자들은 바로 우리 자신이지만.

물론 아무도 이 사실을 입 밖에 내지 않았어요.

1971년에는 라디오와 TV 광고도 금지되었어요. 이에 우리는 신문으로 방향을 틀었습니다. 우리는 신문의 주요 수입원이 되었죠.

포장에 기재하는 법적 문구의 경우, 아무 말도 안 하는 것과 다름없게 손쓸 수 있었어요.

그러려면 읽을 수 있어야 할 텐데...

캐나다 보건부는 말했죠. 캐나다의 국가안보 전문가들이 빅 토바코만큼 위장술에 뛰어났다면 병사들이 들킬 염려가 없을 거라고요!

전쟁의 원동력은 늘 돈입니다.

우리는 수 세기 동안 수조 달러를 모아두었습니다. 만일의 경우를 대비해서요...

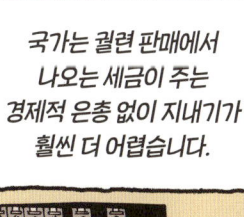

국가는 궐련 판매에서 나오는 세금이 주는 경제적 은총 없이 지내기가 훨씬 더 어렵습니다.

금연정책과 안락한 국고 수입원을 지켜야 한다는 욕구 사이에서 고민에 빠졌죠.

담배 한 갑의 가격을 크게 올릴 때마다 흡연자 수는 당연히 줄어듭니다.

그러니 세금을 올리면 국고 수입은 지키면서 흡연자 수는 줄일 수 있습니다.

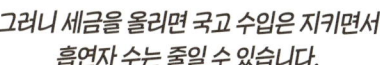

나쁜 점은 이 방법이 너무 잘 통했다는 것이죠. 부유한 국가일수록.

그래서 궐련 판매로 얻은 세금 수입보다 흡연자들을 치료하는 데 쓰는 비용이 더 많다고 주장하죠.

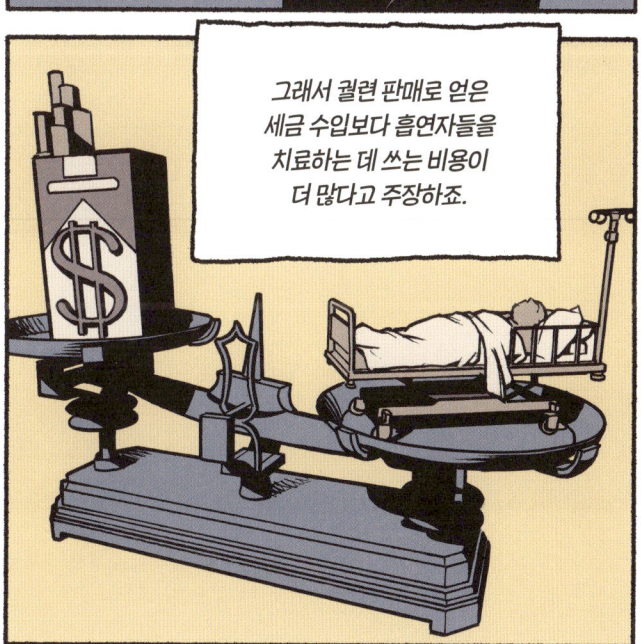

하버드대 경제학자가 말했듯이 결코 간과해서는 안 되는 사실이 하나 있습니다. 좋은 흡연자란 바로 평생 세금을 **많이** 내고 또 냈으면서도...

...젊은 나이에 세상을 뜨는 흡연자죠. 자신의 은퇴자금을 나라에 낸 셈이니까요.

따라서 **WHO**와 수많은 국가는 흡연자들을 금연으로 이끌어야 한다고 새기고 또 새깁니다.

그래서 딱 한 마디만 입에 달고 살죠. **예-방.**

'예방'을 사전에서 찾아보니 이렇게 써 있네요. "위험, 위협, 나쁜 일을 방지하기 위해 취하는 조치의 총체. 이런 조치를 담당하는 조직."

구체적으로 우리와 관련된 것은 이렇습니다. "질병의 발생, 악화, 장기화, 또는 질병의 장기적인 영향을

막기 위해 실시하는 의료적 수단의 총체."

솔직히 무슨 얘기인지 모르겠군요.

그렇게 금연 캠페인 게시물을 어디서나 보게 되었죠.

그리고 금연에 도움을 주는 수단을 제시합니다. 선택하기 어려운 것들뿐이죠.

니코틴 대체품, 침, 최면, 식이요법, 온천 치료, 아로마테라피, 유사요법 능능.

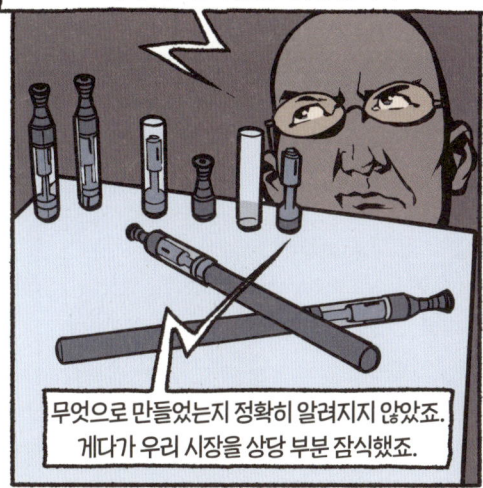

마지막에 언급한 유사요법이 유행했다는 사실을 잊어서는 안 됩니다. 이는 담배가 들어가지 않은, 그래서 니코틴이 없는 기구였습니다.

무엇으로 만들었는지 정확히 알려지지 않았죠. 게다가 우리 시장을 상당 부분 잠식했죠.

그런데도 만족하지 않더군요!

중립적 포장 이라는 카드까지!

Fumer nuit à vos poumons

Pour arrêter de fumer : www.tabac-info-service.fr ou 3989 (prix d'un appel local)

이렇게 끔찍한 물건을 진열대에 전시하는 점원이 얼마나 치욕스러웠을지 상상이 가시나요?

점원들은 화가 났고 이를 표출했습니다.

수치스러워!

밀수입을 유발할 뿐!

효과 없는 조치다!

물론 시위에 필요한 주장과 구호는 우리가 제공했죠.

건배!

전쟁 이후 소송의 시기가 찾아왔습니다.

이런 터무니 없는 농담이라니... 우리가 뭔가 책임을 져야 할 것처럼 구는군요.

1954년부터 1973년까지 암에 걸린 흡연자들은 자신들의 불행을 우리 탓으로 돌리며 공격해 왔습니다.

하지만 담배와 암 사이의 과학적 인과관계를 밝히는 데 성공한 것은 단 한 건도 없었죠.

1960년대

나는 40년 동안 하루에 담배를 두 갑씩 피웠어. 당신들 때문에 죽게 생겼어!

무슨 말인지 모르겠군요.

1980년대

1983년부터 1992년까지 온갖 추정을 늘어놓으며 우리에게 손가락질했지만 책임은 여전히 흡연자 몫이었습니다. 흡연은 그들의 선택이었으니 결과도 흡연자가 감당해야 했습니다.

거대기업 사장들까지 법정에 나와 우리 업계를 지켰습니다.

저는 담배가 건강에 위험할 수 있다는 생각을 한 번도 해본 적이 없습니다.

ROBERT HEIMANN
AMERICAN TOBACCO CEO
1988

게다가 우리를 공격하려면 소송비용이 너무 커 많은 원고들이 순전히 자금이 없다는 이유로 포기했습니다.

우리는 법적 '명예'를 지키기 위해 수백만 달러를 쓸 준비가 되어 있었습니다.

단 한 번의 재판에서만 지더라도 판례가 되어 틈이 생길 테니까요.

그러던 중 **제프리 위건드**라는 얼간이가 등장합니다... 자기가 러셀 크로우*라도 되는 줄 아는 친구.

이 자식은 **브라운 & 윌리엄슨(쿨, 팔 말 등 브랜드)**에서 연구개발팀 부사장이라는 끝내주는 직책을 맡고 있었습니다. 그리고 해롭지 않고 생물학적 활동도 전혀 일으키지 않으며 화재도 방지하는 기적의 궐련을 만들겠다는 생각을 품었습니다. 기껏 그런 짓이나 하겠다고 말이죠.

맞습니다. 제가 하고 싶었던 일이거든요.

우리 변호사들이 그에게 알아듣게 설명했습니다.

사람들이 떠드는 궐련의 위험성은 과학적 증거가 없다고요. 알겠소?

그렇다면 왜 저를 연구원으로 고용하신 건가요?

당신에게는 아무것도 요구하지 않아, 이 친구야.

아무것도 알려고 하지 말고 연구나 하세요. 그러면 모두 다 잘될 거라고.

그런데 제프는 정말 고집불통이었습니다. 연구를 이어갔고 당연히 뭔가를 발견했죠..

변호사들이 중독을 일으키지 않는 궐련 생산에 관한 제 보고서를 검열했습니다.

도대체 뭐가 문제인데, 위건드? 다시 한번 말하지만 자네는 비밀유지 서약에 동의했다고.

변호사들이 정해주는 틀 안에 들어가 있으라고. 알겠나?

B&W와의 계약은 1993년 3월부터 해지되었습니다.

의회에 소환되는 경우를 제외하면 업계 관련 정보를 누설해서는 안 됩니다. 이를 어기면 소송 대상이 됩니다.

---

* 뉴질랜드 출신으로 할리우드에서 활동하는 남배우. 「글래디에이터」로 아카데미 남우 주연상을 받았다. 그는 제프리 위건드가 담배업계에게 행한 내부고발을 영화화한 「인사이더」에서 위건드 역할을 맡았다.

분명하잖아요. 안 그래요, 제프?

우리가 당신에게 요구한 건 돈과 의료보험을 받고 입을 다물라는 것이었는데요.

후우...

하지만 제프는, 자신이 **빅 토바코**에 관해 알고 있는 내용을 언론에 전부 폭로하는 것이 최선이라고 여겼습니다.

그 사이에 대규모 담배 제조업체 7곳의 사장들이 **헨리 왁스만** 의원의 요청으로 미국 의회 대배심에 참석했습니다.

「황야의 7인」*을 아시나요? 미국 서부 가난뱅이 소굴에 사는 주민들을 구하려고 목숨을 바치려는 녀석들이죠.

우리에게도 총잡이 7명이 있습니다...

그들도 자신들의 사업을 지키기 위해 삶을 희생할 준비가 되어 있었죠.

선서에 이어 한 명씩 심문을 받았습니다.

저는 니코틴이 의존증을 유발하지 않는다고 생각합니다.

---

* 일본 영화 「7인의 사무라이」를 리메이크한 영화로, 7명의 떠돌이 총잡이가 뜻을 모아 도적의 위협을 받는 마을을 구하는 이야기다.

다혈질이었던 제프는 이 모습을 보고 분개해 비밀유지 조항을 깨고 우리에게 맞서 증언하겠다고 다짐했죠.

젠장!

위건드는 FDA(미국 식품의약국)가 담배에 관해 조사하는 데 협조하는 것을 받아들입니다.

암모니아가 어떤 기능을 하는지 알려주실 수 있습니까?

이 성분은 니코틴 흡수율을 높이고 그에 따라 의존도를 강화합니다.

사장 7명을 맨 처음 소환했던 왁스만 의원도 위건드에게 증인 요청을 했습니다.

담배 속 화학물질에 관한 지식과 궐련에 대한 이해가 우리에게 큰 도움이 될 것입니다.

물론이죠. 하지만 비밀유지 조항에 걸리지 않으려면 의회가 저를 호출해야 합니다.

60분짜리 방송용으로 준비한 위건드의 인터뷰는 보복의 두려움 때문에 중단되었지만 그 내용이 신문사로 흘러 들어갔습니다.

『뉴욕 타임즈』, 「배니티 페어」*...

B&W의 변호사들은 딱한 제프에 대해 반대 여론을 조성했습니다. 제게 묻는다면 그런 결과는 본인이 자초한 일이죠.

도둑놈!

교양 없는 땅딸보!

사기꾼!

거짓말쟁이!

알코올 중독자!

더해서 우리는 그가 상황을 잘 타개할 수 있도록 몇 마디 조언을 해주었죠.

"당신 아이 셋을 잘 생각하는 게 어때? 가만히 있으면 아이들도 편할 텐데."

* 미국의 대중 월간지

위건드 사태와 같은 시기 B&W의 또 다른 직원인 법률 보조원 **머렐 윌리엄스**가 회사 내부 문건을 빼냅니다.

안녕, 마이크!

안녕, 머렐 씨!

빅 토바코가 실시한 전략을 상세히 기술한 빼낸 서류들은 **왁스만**의 사무실에도 도착했습니다.

머렐 윌리엄스의 서류가 공개되었고 담배중독 피해자들의 변호인단은 법정에서 이 서류를 활용했습니다.

켄트 궐련 제조사인 **로릴라드**가 원고에게 **121만 달러**를 보상할 것을 선고합니다.

그 후 변호사 사무실 26곳이 연합해 **아메리칸 토바코, 필립 모리스, R. J. 레이놀즈, 브라운 & 윌리엄슨, 로릴라드, 리제트, 브리티시 아메리칸 토바코**를 상대로 소송을 제기합니다.

빅 토바코 모두 빠짐없이요!

담배 제조업체들은 내부 문건을 전부 법원에 제출하라는 명령을 받았습니다. 제조업체들은 악의를 품은 채 쓸모없는 서류들을 잔뜩 보내 변호사들을 질리게 했죠.

여기서 전부 다 선별해야 한다고요?

질리기는커녕 오히려 격분했습니다.

담배회사들은 **한 번도** 처벌받지 않았습니다. 이제는 **50년 동안 저질러 온 악행의 대가를 치러야 할** 때입니다!

재판권님, 화해하도록 협상할 방법이 있을까요?

두고 봅시다...

결국 담배 제조 대기업들은 하나둘씩 담배의 해악과 니코틴 의존증을 인정하기에 이릅니다.

심판이죠!

담배업계와 미국 국가 사이에 맺은 협정인 **기본 합의서**는 마침내 **1998년 11월 23일** 체결되었습니다.

담배업계는 2천 60억 달러를 25년 동안 나누어 지불하고 2017년부터는 1년에 90억 달러를 지불하기로 했습니다.

하지만 **빅 토바코**는 수백만 달러를 써 법률안 통과를 저지했습니다. 만약 통과되었다면 궐련 가격을 큰 폭으로 올리고 **FDA**의 통제를 받도록 강제할 수 있는 법안이었죠.

이 모든 과정에서 가장 흥미로운 점은 국가가 벌금을 담배중독 예방에 쓰도록 강제하는 요소가 전혀 없었다는 사실입니다.

심지어 노스캐롤라이나주에서는 이 은총 같은 벌금의 일부를 담배 재배와 유통을 장려하는 데 쓰기도 했습니다.

어쩌겠어요, 성격이 변하지 않는데...

하지만 **레이건의 신자유주의**가 강제로 도입된 시장이 국가의 담배 독점 대부분을 무너뜨린 것은 **1980년대** 들어서였습니다. 유통이 세계화된 덕분이었죠.

듀크라는 이 친구는 궐련을 독점하는 세상을 만들기 위해 진작부터 **중화제국**을 탐냈죠.

이랴 이랏!

여러 시장 중에서도 일본, 태국, 한국 시장에 **특히 빅 토바코** 제품이 차고 넘쳐났습니다.

전 세계적인 소비는 점점 서방 세계에서 동유럽과 아시아로 옮겨갔습니다.

이것만으로는 충분하지 않아 **1980년대부터** 아프리카 대륙에도 관심을 갖기 시작합니다.

당시 아프리카 국가들은 금연 관련 법률에 완전히 방임적이었습니다.

서양을 정복한 방식을 어렵지 않게 반복할 수 있었죠.

아프리카로 갑시다!

아프리카 대행진

나이트클럽에서 담배를 무료로 배포하고 스포츠, 문화, 정치 행사를 후원했습니다.

아이쿠! 진정하세요. 모두 나눠드릴 겁니다!

우리 시장과 수익활동도 쉽게 수용되있습니다. **공권력**과 많은 것들을 나누었거든요.

흡연은 **애국적**입니다!

흡연은 나라를 부유하게 합니다.

우간다 산업부 장관

그 결과, **13세 이하 아프리카 어린이들의 10%**가 이미 습관적 흡연자이고 평생 충성스러운 고객으로 남을 겁니다.

정말 귀엽죠...

빅 토바코는 서양 시장의 축소를 상쇄할 만큼 놀라운 성장 열쇠를 아프리카에서 찾았습니다.

아프리카 대륙의 인구학적 역동성*은 매력적인 지평을 우리 앞에 열어주었습니다.

우리를 더 이상 두고 볼 수 없었던 **WHO**는 아프리카 대륙에 질병 특히 호흡기 관련 암이 폭증하는 모습을 보며 '담배중독이라는 세계적인 전염병'을 이야기합니다. 이렇게 늘 부정적인 면만 본다니까요...

아프리카 지도자들도 담배에 맞서기 위해 국제 회의에 참여합니다. 하지만 자신들의 약속을 제대로 지킨 사람들은 드뭅니다. 빅 토바코는 늘 돈이라는 강력한 카드를 꺼내 들었으니까요.

---

* 세계 어느 곳보다 젊은 인구가 급속히 늘어나는 지역으로, 이는 향후 경제적 성장을 이끄는 원동력이라는 말

이 교묘한 시스템은 바로 수출품 흐름에 달려 있습니다. 어마어마한 양의 궐련을 제법 쿨한 나라들로 수출하기만 하면 됩니다. **안도라**나 **키프로스** 같은 곳으로요.

그런 다음 이 궐련들을 몰래 재수입하는 겁니다. 그러면 세금을 물지 않고 **이윤을 크게** 남길 수 있죠!

사례를 하나 보여드리겠습니다. 브리티시 아메리칸 토바코는 남아프리카공화국에 제품을 공급하는 중계 지점으로 **아루바**라는 작은 섬을 활용했습니다.

이 섬에 대한 수출량은 **주민 1인당 하루에 담배를 10갑씩** 소비하는 양에 맞먹습니다. 어린이들까지 다 합해서요.

섬의 합법적인 시장에 상자 10여 개 정도만 가져다 놓으면

음성적인 시장에서 소비되는 우리 궐련들을 홍보할 수가 있었죠.

그렇게 벌어들인 돈은 마약으로 번 돈을 세탁할 때와 같은 경로를 거칩니다. 흰색 선을 잘 따라가기만 하면 되죠.

매년 **담배꽁초 4조 3천억 개**가 자연 속으로 흩어집니다.
1초당 **13만 6천 개**가 넘죠. 그런데 이 담배꽁초들은 생분해되지 않는 쓰레기입니다.
도시, 식물상, 동물상, 특히 해양환경을 오염시키죠.

돈의 흐름은 저절로
세계화가 됩니다.
**오염도
마찬가지입니다!**

궐련이 건강에만 안 좋다고 여기셨다면
지구에는 어떤 일을 벌이는지도 살펴보죠.

필터 구성 성분인 셀룰로스 아세트산으로 만든
플라스틱 가공섬유는 자연 속에서 어마어마하게 발견됩니다.
이 물질은 물이나 토양을 만나면 녹지만 사라지지는 않습니다.

앵글로색슨인은 담배꽁초를
'궐련의 엉덩이'라고
부르는데요, 여기에는 **벤젠,
니코틴, 카드뮴,** 기타 궐련
연기에 들어 있는 모든 물질이
포함되어 있습니다.

담배꽁초는 **어디에나** 있습니다. 인도, 배수로,
신사분들께 감사하게도 소변기, 바닷가, 개천,
마지막으로 바다와 대양에도요.

**지중해 쓰레기의 40%가
담배꽁초입니다!**

아이러니하게도 공공건물에서 흡연을 금지하면서 문제는 더
심각해졌습니다. 흡연자들은 담배를 피운 곳에 꽁초를 버리기
시작했거든요. 바로 실외에 말이죠.

다 필터 덕분입니다. 이제 아시겠지만 필터는 여러분을 그 어떤 것에서도 보호해주지 않는 데다 한술 더 떠 여러분의 소중한 지구를 오염시키는 최악의 요인 중 하나가 되었죠.

물론 우리는 여기서 그칠 생각이 없습니다.

담배를 재배할 땅을 새로 확보하느라 숲을 벌목하고 담뱃잎을 열로 말리기 위해 목탄을 만들어내는 일까지 더해야 합니다.

담배 재배지에는 살충제를 살포하고요.

여러분의 폐에도 들어가는 살충제죠.

니코틴이 담긴 조그만 상자를 운송하고 배달하면서 CO_2를 배출합니다.

포장지와 유명한 '궐련 엉덩이'는 엄청난 쓰레기를 만들어내죠.

미국 한 곳만 해도 담배업계가 만들어내는 탄소 발자국은 자동차 4백만 대가 1년에 18,000km를 주행하며 배출하는 탄소 발자국과 맞먹습니다.

전 지구적 수치가 얼마인지는 여러분께 맡기겠습니다.

지금까지 전혀 언급하지 않은 사람들이 있군요. **바로 남성 흡연자와 여성 흡연자입니다.**

이분들이 이 일과 가장 관련이 많잖아요, 고객인지 피해자인지는 여러분이 선택할 일이지만 우리가 어떤 관점으로 바라보는지에 달려 있습니다.

2008년 프랑스 흡연자들에게 질문한 결과는 다음과 같았습니다. **89%**는 흡연을 시작한 것을 후회했습니다.

11%

89%

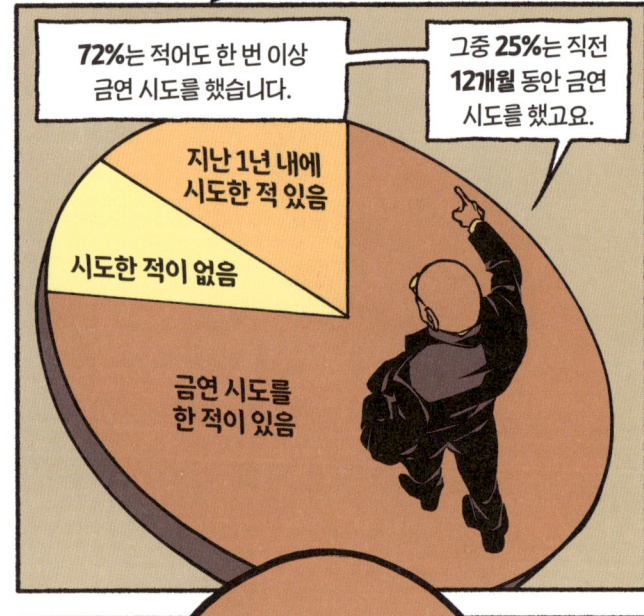

72%는 적어도 한 번 이상 금연 시도를 했습니다.

그중 **25%**는 직전 **12개월** 동안 금연 시도를 했고요.

지난 1년 내에 시도한 적 있음

시도한 적이 없음

금연 시도를 한 적이 있음

하지만 대부분 지금도 흡연하고 있습니다.

왜 그런지 여전히 궁금하시다면 이 책을 처음부터 다시 읽어보시죠.

아차! 한마디 드린다면 페이지 옆에 조그만 숫자가 애교를 부리는 모습이 눈에 들어왔을 겁니다.

이건 여러분이 이 책 한 페이지를 읽는 동안 전 세계에서 과도한 흡연으로 죽어가는 숫자입니다. **7명**이죠. 한 페이지 넘기는 동안 말이에요.

프랑스만 해도 **하루에 200명**이 죽습니다. 비행기 한 대가 매일 추락하는 것과 같은 수치죠. 물론 이런 얘기는 절대로 하지 않죠.

니코 기장입니다...

여러분은 **빅 토바코 항공사**를 선택하셨습니다.

사실 여러분이 정말 선택한 것은 아니지만 어쩔 수 없죠!

이는 곧 매년 **74,000명**이 그러니까 **라로셸** 정도 되는 마을이 지도에서 사라진다는 뜻입니다.

매년!

아, 라로셸은 아닙니다, 너무 아름다우니까요.

어쨌든 제 말뜻은 이해하실 겁니다.

* 프랑스 서부 해안가의 항구도시로 인구는 약 77,000명

우리가 거기서 멈췄을까요?

그럴 리가요.

아시다시피 아주 단순한 일입니다.

우리는 한 세기도 더 전부터 전략을 실행했습니다. 그리고 이 전략을 바꿀 뜻이 전혀 없습니다. 그 어디서도 현재도 미래에도 말이죠.

1900

최근....

불붙은 담배는 서랍에 넣으시죠. 우리의 혁명적인 신제품은 궐련보다 훨씬 믿음직합니다.

이제 여러분은 안전하게 흡연할 수 있습니다.

뭔가 떠오르죠?

이는 우리가 필터나 '라이트' 궐련을 선보였을 때 써먹은 것과 정확히 똑같은 **"위험 감소"** 전략입니다.

Marlboro
LIGHTS
LOWERED TAR & NICOTINE
20 CLASS A CIGARETTES

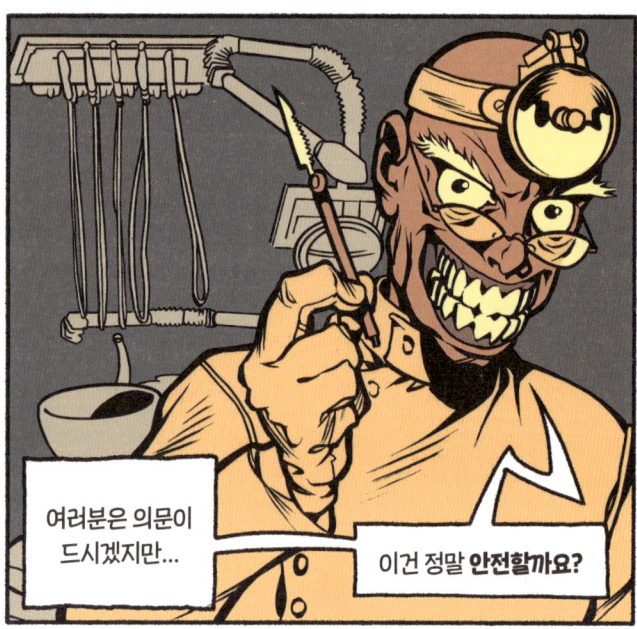

여러분은 의문이 드시겠지만...

이건 정말 **안전할까요?**

자, 이만하면 문제들을 어느 정도 살펴본 것 같군요.

어떻습니까?

우리가 **괴물**인가요? 빅 토바코가 **흡연자들의 건강**을 이용해 돈을 번다고요?

어쩔 수 없죠, 우리도 할 일이 있으니까요.

첫 번째로 꼽을 수 있는 일은 주주들에게 배당금을 지급하는 것입니다. 이 배당금이 사라지는 날이 바로 우리 업계 전체가 무너지는 때겠죠.

그럴 리가요. 우리한테도 이익은 남죠.

시장에 출시할 담배 한 갑의 원가는 **15센트 유로 정도**입니다. 이익이 얼마나 될지는 여러분이 계산해보시죠.

우리는 고객의 절반을 죽음으로 이끌 강력한 마약을 팔아 돈 버는 일이 전혀 부끄럽지 않습니다.

이봐! 정신 차리라고! 이게 바로 **자본주의**라고! 더 정확히 말하면 자본주의의 가장 타락한 형태인 **극단적 자유주의!**

무슨 말이냐고요? 산업이란 겉모습만 번지르르하다는 말입니다. 이게 영원히 지속될 리 없다는 것도 잘 알고 있어요.

그러니 종말이 오기 전까지 **돈을 최대한 많이 법시다!**

끝났습니까?

네.

한 대 피울래요?

괜찮습니다. 저는 그런 더러운 건 안 피웁니다!

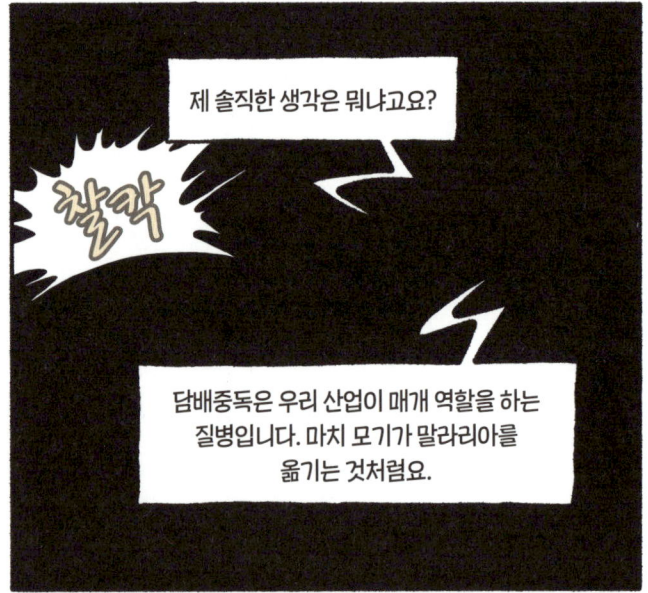

제 솔직한 생각은 뭐냐고요?

찰칵

담배중독은 우리 산업이 매개 역할을 하는 질병입니다. 마치 모기가 말라리아를 옮기는 것처럼요.

좋으실 대로.

우리는 담배와 관련된 질병이 전 세계적인 팬데믹을 일으키려는 문턱에 서 있습니다. 그 여파는 분명히 거대하겠죠.

흡연자의 절반은 니코틴 중독으로 사망합니다.

아무리 줄여 말씀드려도...

20세기 담배는 **1억 명**을 죽음으로 몰아갔습니다. 주로 서구 세계에서였죠.

가만있으면 21세기에는 사망자가 **10억 명**에 육박할 것입니다.

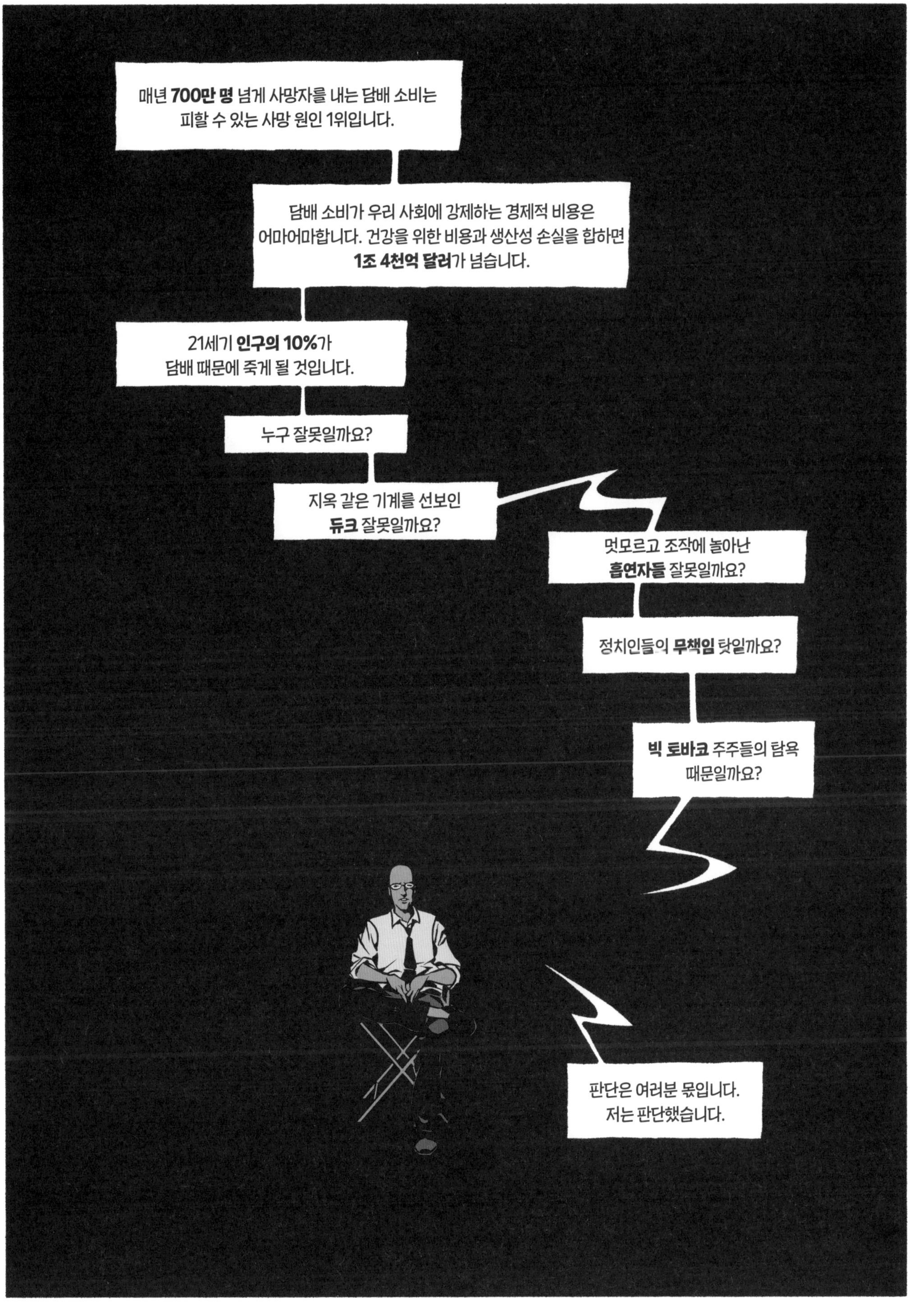
매년 700만 명 넘게 사망자를 내는 담배 소비는 피할 수 있는 사망 원인 1위입니다.
담배 소비가 우리 사회에 강제하는 경제적 비용은 어마어마합니다. 건강을 위한 비용과 생산성 손실을 합하면 1조 4천억 달러가 넘습니다.
21세기 인구의 10%가 담배 때문에 죽게 될 것입니다.
누구 잘못일까요?
지옥 같은 기계를 선보인 듀크 잘못일까요?
멋모르고 조작에 놀아난 흡연자들 잘못일까요?
정치인들의 무책임 탓일까요?
빅 토바코 주주들의 탐욕 때문일까요?
판단은 여러분 몫입니다. 저는 판단했습니다.

담배

필터 없는 보고서

절제하지 않고 읽어도 건강을 해치지 않습니다. 오히려 그 반대입니다!

담배와 사회

현재 전 세계적으로 담배를 피우는 사람은 얼마나 되나요?

현재 10억 명 정도가 담배를 피우며, 그중 80%는 빈곤한 국가에 살고 또 80%가 남성입니다. 남성 4명 중 1명, 여성 20명 중 1명이 일상적으로 담배를 피웁니다.

현재 프랑스에서 담배를 피우는 사람은 얼마나 되나요?

2017년 15~75세 조사 대상자 중 27%가 습관적으로 담배를 피웠습니다. 지역에 따라 차이는 있지만요. 2017년 18~24세 조사 대상자 중 32%의 청소년이 정기적으로 담배를 피웠습니다. 최근 수치가 감소했지만 17세 청소년의 60%가 담배를 경험한 적이 있습니다. 다른 나라와 비교하면 호주에서는 5% 이하입니다.

프랑스 여성 흡연자 수는 계속 증가하고 있나요?

아닙니다. 1970년대부터 꾸준히 증가하다가 정체기를 겪은 후 2016~2017년 프랑스 여성 흡연자 비율은 감소했습니다. 2000년부터 2017년 사이 45~54세 여성들의 담배중독 비율은 21.5%에서 30.8%가 되었고 55~64세 여성들의 담배중독 비율은 11%에서 17.6%가 되었습니다.

매년 담배 때문에 사망하는 사람은 얼마나 되나요?

전 세계적으로 담배는 매년 약 700만 명을 죽음으로 몰고 가는데 그중 89만 명은 간접흡연이 원인입니다. 프랑스에서는 매년 73,000명이 담배로 사망합니다. 매년 라로셸이나 칸 인구가 담배 때문에 세상을 떠나는 것입니다.

담배로 가장 많이 피해를 입는 사람들은 누구인가요?

담배 소비는 어느 나라에서든 낮은 사회경제적 지위를 나타내는 지표이자 이를 구성하는 요소입니다. 특히 청소년, 여성, 특정 민족집단 구성원, 정신질환자, LGBT 공동체 구성원을 표적으로 삼습니다.

궐련을 제조할 때 생기는 환경 발자국은 어떤가요?

매년 궐련 6조 개를 생산하려면 222억m³가 넘는 물을 소비하고 530만 헥타르의 재배지가 필요합니다. 이는 올림픽 수영경기장 750만 개에 해당하는 물을 소비하고, 토고나 크로아티아와 같은 국가 면적에 해당하는 경작지를 사용하는 것과 맞먹습니다. 게다가 전 세계에서 일어나는 산림 파괴의 5%가 담배 때문입니다.

담배꽁초 때문에 생기는 환경 발자국은 어떤가요?

전 세계적으로 1초에 담배꽁초 약 13만 6천 개를 땅바닥에 버립니다. 평균적으로 담배꽁초 한 개가 완전히 분해되려면 10년이 걸립니다. 담배꽁초 한 개는 4천 가지가 넘는 화학물질을 배출하며 담수 500리터까지 오염시킬 수 있습니다. 담배꽁초는 해양생물에게 가장 치명적인 3급 폐기물입니다.

담배중독을 어떻게 줄일 수 있을까요?

담배 소비를 줄이는 가장 효과적인 조치는 세금을 대폭 지속적으로 올리는 것, 어떤 형태로든 홍보나 선전을 금지하는 것, 미성년자 판매 금지를 준수하는 것, 공원, 테라스, 놀이터 등을 금연구역으로 지정하는 것, 금연을 돕는 것입니다. 담배를 끊으면 많은 흡연자는 '13번째 달의 월급'에 준하는 금액을 손에 넣을 수 있습니다!

담배 소비량	절약 기간	1달	1년	5년
궐련 5개	1일	35,000원	420,000원	2,100,000원
궐련 10개	1일	70,000원	840,000원	4,200,000원
궐련 20개	1일	140,000원	1,680,000원	8,400,000원

공원에서 흡연하는 것을 왜 금지해야 하나요?

이 조치의 목적은 여러 가지입니다. (1) 보행자와 아이들을 간접흡연에서 보호하는 것. (2) 사교활동이 일어나는 장소에서 흡연을 불편하게 만들어 담배가 일상적 제품이 아니라는 점을 환기시키는 것. (3) 흡연자들이 담배 소비를 다시 한번 숙고하고 금연을 생각해보도록 이끄는 것. (4) 담배꽁초를 버려 생기는 오염을 막는 것. 일반적으로 봤을 때 프랑스에서 실시하는 것처럼 대중이 모이는 장소에서 흡연을 금지하는 조치는 심장 질환으로 인한 입원과 사망을 10%가량 감소시킵니다.

국가는 세금을 받아 부유해지나요?

아닙니다. 프랑스에서는 매년 담배중독 때문에 사회가 부담하는 비용이 1,200억 유로로 추산됩니다(여기에는 담배와 관련된 질병 치료, 수명 감소, 생산성 손실이 포함됩니다). 공공예산 차원에서 보면 국가가 거둬들이는 세금과 일찍 사망한 흡연자에게 지급하지 않아 절약된 연금 금액을 합치면 약 150억 유로 정도입니다. 비교해보면 담배로 인한 질병 때문에 소요되는 비용만 250억 유로가 넘습니다. 담배는 공공예산 적자 규모를 매일 4천만 유로씩 증가시킵니다.

세금은 왜 올리는 건가요?

소비를 줄이기 위해서입니다. 가격을 올리는 것이 담배 소비를 제한하는 데 가장 효과적인 조치이기 때문입니다. 실제로 담배 가격을 10% 올리면 평균적으로 소비가 4% 줄어듭니다. 가격을 올리면 가장 민감하게 반응하는 사람들은 바로 청소년과 사회경제적으로 빈곤한 계층입니다.

미성년자에게 담배를 판매하는 것을 금지해야 하나요?

그렇습니다. 흡연자들의 상당수는 청소년기부터 담배를 피우기 시작합니다. 미성년자들에게 담배를 판매하지 못하도록 금지하면 니코틴의 크나큰 중독성을 과소평가하는 아이들이 담배중독에 들어서는 것을 효과적으로 막을 수 있습니다.

중립 포장지는 효과적인가?

네. 중립 포장지(마케팅에서는 "침묵하는 판매원"이라고 부름)의 목적은 담배의 매력적인 이미지를 깨뜨리고, 담배가 건강을 위협하는 상품이라는 정보를 전달하는 것입니다. 이렇게 하면 담배는 흡연자가 숨기고자 하는 불편하고 미관상 좋지 않은 물건이 되어, 담배의 비정상화를 촉진하게 됩니다. 이 조치는 특히 마케팅에 매우 민감한 젊은 층에서 효과적입니다.

프랑스 영화에서는 왜 그렇게 담배를 많이 피우는 건가요?

담배산업은 영화, TV용 영화, 게임에 투자를 합니다. 담배를 피우는 인물이 등장하는 영화에 청소년들이 더 많이 노출될수록 흡연자가 되는 비율도 더 높다는 사실이 밝혀졌기 때문입니다. 현재 프랑스에서 새로 개봉하는 영화의 70%에는 담배를 피우는 인물의 모습을 최소 한 번은 보여줍니다. 이는 담배 소비가 일반적인 현상으로 여기도록 만듭니다.

담배산업이 인권을 침해하나요?

그렇습니다. 특히 다음과 같은 방식으로 인권을 침해합니다. (1) 담배를 재배하는 사람들의 적정한 노동 조건을 존중하지 않고 담배 재배지에서 아동에게 노동을 시키는 것. (2) 이윤을 더 많이 계속 증가시키기 위해 취약한 사람들을 마케팅 캠페인의 표적으로 삼는 것. (3) WHO의 담배 규제 기본 협약(FCTC)에서 제시한 조치와 규제에 대한 신용을 떨어뜨리고자 특정 사실이나 수치에 관한 거짓말을 하는 것.

담배산업의 개입에 맞서 우리 자신을 지킬 수 있을까요?

그렇습니다. 담배업계는 사회가 담배에 맞서려는 노력들을 모든 수단을 동원해 방해합니다. FCTC의 5.3조에서는 공중보건 정책이 담배산업의 상업적 이해관계나 기타 요인들의 영향을 받지 않도록 국가가 감시할 것을 권고합니다. 다음과 같은 조치를 통해서입니다. (1) 담배업계와의 상호작용을 제한하는 것. (2) 담배업계와 진행한 회의 관련 정보를 공개하는 것. (3) FCTC에 대해 구속력이 없는 모든 제휴와 협정을 거부하는 것. (4) 모든 지원금과 선전 형식을 거부하는 것.

위험과 금연

흡연자들은 훨씬 더 일찍 죽나요?

그렇습니다. 담배 소비는 피할 수 있는 주요 사망 원인입니다. 정기적인 흡연자는 평균적으로 안락한 삶을 10~15년 잃습니다.

흡연자가 담배 때문에 사망할 위험은 어느 정도인가요?

정기적인 흡연자는 "운이 좋으면" 2명 중 1명 꼴로 담배로 인한 질병으로 사망합니다. 흡연자는 자신의 목숨을 운에 맡깁니다.

프랑스에서 담배 때문에 사망하는 흡연자는 하루에 몇 명인가요?

프랑스에서는 하루에 흡연자 200명이 담배 때문에 사망합니다. 이는 에어버스 320이 매일 한 대씩 추락하는 것과 맞먹습니다!

암은 담배와 관련된 주요 사망 원인인가요?

그렇습니다. 암은 담배와 관련된 가장 중요한 사망 원인이지만 유일한 사망 원인은 아닙니다. 흡연자들은 심혈관계 질환(주로 경색과 뇌졸중), 호흡기 질환(만성 기관지염과 기종), 전염성 질환(폐렴, 결핵)으로 인해 사망하기도 하기 때문입니다. 담배 때문에 발생하는 치명적인 질환을 비율로 나타내면 다음과 같습니다.

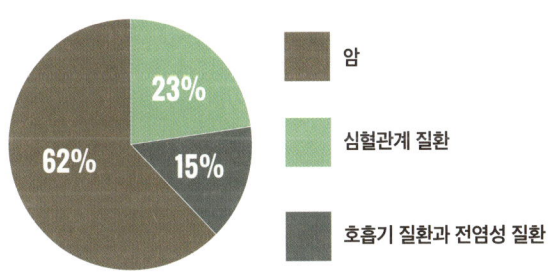

폐암을 피하려면 언제 담배를 끊어야 하나요?

빠를수록 좋습니다. 실제로 75세의 흡연자는 평생 축적된 폐암 발생 위험이 16%입니다. 만약 금연한 상태로 75세가 되었다면 폐암 발생 확률은 금연 연령에 따라 다릅니다.

금연 연령	폐암 발생 위험
30세	2%
40세	3%
50세	6%
60세	10%

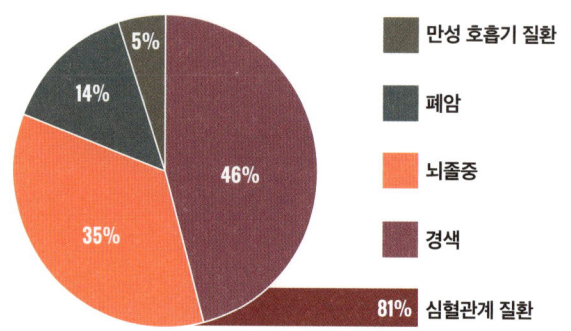

경색 발생 위험은 여성과 남성 모두 동일한가요?

아닙니다. 담배 소비만 놓고 본다면 여성이 남성보다 경색 발생 위험이 25% 높습니다. 게다가 경구피임약을 사용하는 여성 흡연자의 경우, 동맥, 정맥과 관련된 위험이 높아집니다.

여성들이 걸리는 암 중 어느 것이 담배와 관련 있나요?

자궁경부암은 확실히 관련이 있습니다. 그리고 유방암도 흡연자일 경우, 훨씬 더 자주 발생하는 것으로 보입니다.

매일 궐련 몇 개비만 피워도 위험한가요?

그렇습니다. 하루에 궐련 한 개비를 피우는 순간부터 담배와 관련된 위험은 커집니다. 실제로 하루에 궐련을 한 개비밖에 피우지 않는 사람이 심혈관계 질환을 앓을 확률은 상당히 높습니다. 하루에 궐련 20개비를 피우는 사람의 발병 확률의 절반에 맞먹기 때문입니다. 더구나 하루에 피우는 궐련의 양보다 흡연한 햇수가 늘어날수록 폐암 발생 위험도 현저히 증가합니다. 정리하면 담배를 적게 피워 행복해지는 흡연자는 없습니다.

담배를 피우면 스트레스를 관리하는 데 도움이 되나요?

아닙니다. 일반적인 생각과 달리 담배는 스트레스를 관리하는 데 도움이 되지 않습니다. 오히려 담배 소비가 바로 스트레스를 유발하는 원인이 되는 경우가 많으며 나아가 불안과 우울을 야기하기도 합니다. 또한, 금연 초기를 보내고 나면 금연한 흡연자들은 흡연할 때보다 스트레스를 덜 받고 덜 불안하고 덜 우울합니다. 마음이 가장 편안한 상태인 사람은 바로 비흡연자입니다.

담배를 피우는 행위는 즐겁나요?

몇몇 경우(특히 식사 후 피우는 담배)를 제외하면 대부분의 담배를 피우는 이유는 흡연자가 거의 1시간마다 느끼는 혈액 속 니코틴 부족과 관련된 불쾌한 감정을 방지하기 위해서입니다. 궐련의 대부분은 불쾌한 감정을 피하기 위해 피우는 것이지 기쁨을 느끼기 위해 피우는 것이 아닙니다.

담배를 피우는 남성의 성기능이 더 활발한가요?

아닙니다. 성불능증은 흡연자에게서 더 많이 나타납니다.

간접흡연은 단순한 불편함 정도인가요?

아닙니다. 간접흡연에 노출되면 치명적일 수 있습니다. 특히 심혈관계 질환 때문이 큽니다. 매주 1~7시간 동안 간접흡연에 노출되면 비흡연자의 경색 발병 확률은 25% 증가합니다. 간접흡연으로 인한 비흡연자의 사망 원인 비율은 다음과 같습니다.

흡연자들도 간접흡연과 관련된 위험에 노출되어 있습니다. 따라서 흡연자들은 능동적인 흡연과 간접흡연으로 인한 "이중고"를 겪습니다.

산모의 담배중독 때문에 신생아가 고통을 받기도 하나요?

그렇습니다. 극소량이라도 담배를 피우는 순간부터 자궁 내 발육 지연, 조산, 출산 시 사망, 영아 사망, 선천성 기형(입술 입천장 갈림증) 발생 위험이 커집니다.

방을 환기시키면 간접흡연과 관련된 위험을 없앨 수 있나요?

아닙니다. 담배를 피운 방 안을 환기시키는 것은 꼭 필요하지만 이것만으로는 불충분합니다. 담배 연기 속에 들어 있는 건강을 위협하는 물질이 바닥, 벽, 가구 등에 달라붙기 때문입니다. 그리고 며칠부터 몇 주 동안 방의 공기 중으로 서서히 배출됩니다.

프랑스에서 유방암으로 사망하는 여성들이 더 많나요, 폐암으로 사망하는 여성들이 더 많나요?

유방암으로 인한 사망률 곡선과 폐암으로 인한 사망률 곡선은 현재 서로 교차하고 있습니다. 실제로 프랑스에서는 1980~1990년대부터 여성들이 훨씬 더 많이 담배를 피우기 시작한 결과, 폐암 발병 수치가 폭증하고 이로 인한 사망이 늘어나는 것으로 보입니다.

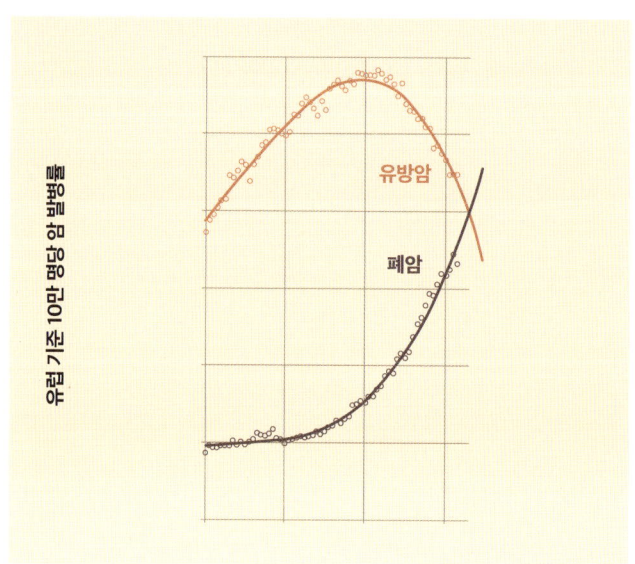

중독이란 무엇인가요?

향정신성 제품에 중독된다는 것은 개인이 어떤 제품을 소비할지 말지에 대한 자유를 잃는다는 의미입니다. 당사자는 제품에 의존하며 제품의 노예가 됩니다.

담배는 중독적인가요?

그렇습니다. 흡연자의 90% 이상이 니코틴 의존증입니다. 니코틴은 단연코 프랑스에서 가장 많이 소비되는 마약입니다.

니코틴은 강력한 마약인가요?

그렇습니다. 헤로인, 코카인, 금주보다 금연이 훨씬 더 어렵습니다.

니코틴은 왜 강력한 마약인가요?

담배 연기를 들이마시면 뇌에서는 연기를 들이마시기 시작한 지 10초도 지나지 않아 모든 니코틴 수용체가 포화 상태에 이르러 강력한 마약 주사를 맞은 것과 같은 상태가 됩니다. 니코틴의 화학적 성질, 연기 속에 든 다량의 니코틴, 뇌에까지 도달하는 빠른 속도를 따져 본다면 중독성이 높습니다. 게다가 제조업체에서는 니코틴 본연의 중독성을 높이기 위해 담배 제조 과정에서 담배에 암모니아를 추가합니다.

담배에 의존하려면 담배를 몇 주 정도는 피워야 하나요?

아닙니다. 니코틴 중독은 매우 빠르게 일어납니다. 실제로 "한 번 확인해 보려고" 처음으로 궐련 한 개비를 피운 청소년 3명 중 2명은 평생 적어도 일정 기간은 일상적인 담배 소비자가 됩니다.

담배중독을 치료할 수 있나요?

그렇기도 하고 아니기도 합니다. 모든 흡연자들이 금연하는 것은 가능하지만, 니코틴이라는 마약을 소비하면서 흡연자의 뇌는 돌이킬 수 없이 바뀐 상태입니다. 흡연자는 여전히 취약한 상태이며 금연한 지 30~40년이 지난 후에도 다시 담배중독에 빠질 수 있습니다.

니코틴은 암을 유발하나요?

아닙니다. 니코틴은 암을 유발하지는 않습니다. 그 대신 심박수를 높이고 혈압을 높입니다. 나아가 태아와 관련된 "잠재적" 위험을 높이고 청소년의 뇌 발달을 저해합니다.

흡연을 시작한 지 50년이 지났는데도 금연하는 게 도움이 되나요?

그렇습니다. 연령과 상관없이 금연한 흡연자는 수명이 몇 년 늘어납니다. 어린 나이에 금연할수록 수명은 더 증가합니다.

금연 연령	증가 수명
30세	10년
40세	9년
50세	6년
60세	3년

흡연자가 금연하는 것을 왜 도와주어야 하나요?

현재 일상적으로 흡연하는 5명 중 3명은 금연하고 싶어하지만 혼자서는 달성하기 어려워합니다. 니코틴이 지닌 강력한 중독성 때문입니다. 흡연자들이 담배를 끊을 수 있도록 동기를 부여하며 돕고 완전히 금연하도록 동행하는 것이 다양한 보건 전문가들의 역할입니다. 대부분의 흡연자들에게는 금연이 어려운 과정이어서 도중에 다시 담배를 피우는 경우가 많습니다.

금연하기에 좋은 시점은 어떻게 알 수 있나요?

금연 시기를 결정하는 것은 개인에 따라 달라집니다. 이를테면 시험을 앞둔 시기와 같이 스트레스를 많이 받거나 격렬한 신체활동을 하는 시기는 피할 것을 권합니다. 반대로 모든 일상적인 문제가 해결될 때까지 기다린다면 금연 결심을 한없이 미루게 될 수도 있습니다.

금연하려면 의지가 필요한가요?

아닙니다. 의지가 아닌 동기의 문제입니다. 금연하려면 동기가 있어야 합니다. 보건 전문가들은 흡연자들이 금연하겠다는 동기를 품도록 도와줄 수 있습니다. 동기가 얼마나 강력한가에 따라 금연하겠다는 결심을 내립니다.

금연하겠다는 동기로는 어떤 것들이 있을까요?

개인에 따라 매우 다양합니다. 가장 자주 찾아볼 수 있는 것은 건강을 지키려는 것, 절약하려는 것, 주변 사람들을 지키려는 것, 아기가 태어날 예정이라는 것 등입니다. 이런 동기를 명확히 확정하고 주기적으로 되새기는 것이 중요합니다. 특히 금연을 시작한 지 몇 달이 지나 다시 담배를 피울 것 같은 위험이 느껴질 때는 더욱 그렇습니다.

니코틴 대용품은 효과가 있나요?

그렇습니다. 올바로 처방한다면 니코틴 대용품은 담배를 완전히 끊을 확률을 3~4배 높여줍니다.

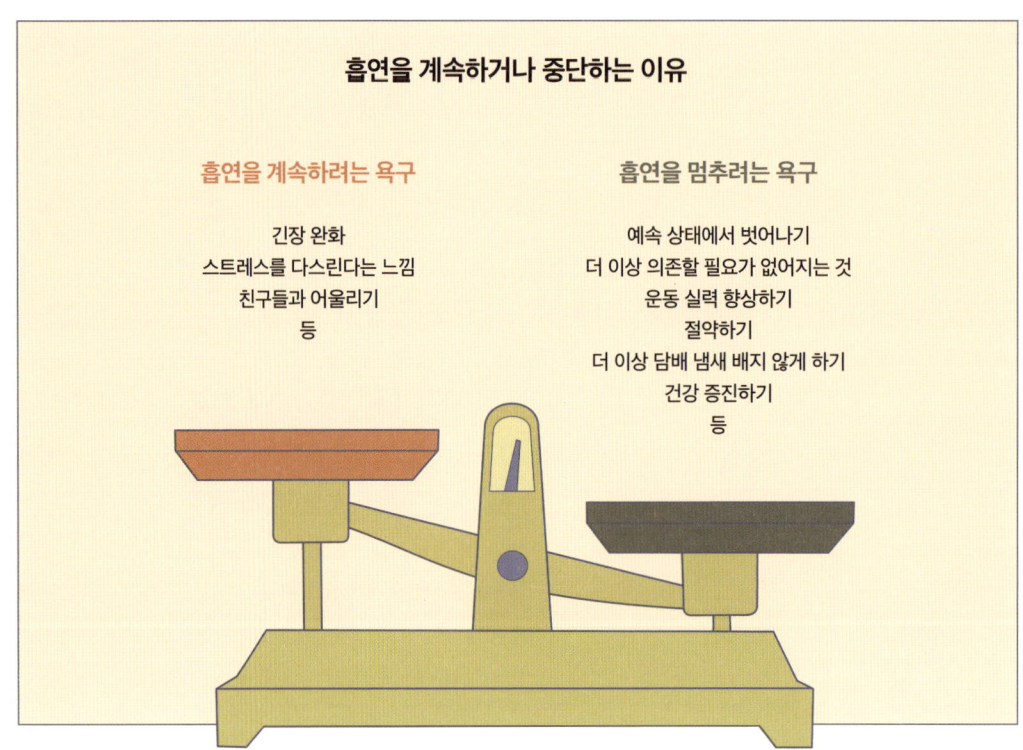

흡연을 계속하거나 중단하는 이유

흡연을 계속하려는 욕구

긴장 완화
스트레스를 다스린다는 느낌
친구들과 어울리기
등

흡연을 멈추려는 욕구

예속 상태에서 벗어나기
더 이상 의존할 필요가 없어지는 것
운동 실력 향상하기
절약하기
더 이상 담배 냄새 배지 않게 하기
건강 증진하기
등

니코틴 대용품은 위험한가요?

아닙니다. 패치를 사용했을 때 피부 알레르기가 발생할 수 있다는 점과 껌을 사용했을 때 치아 문제가 발생할 수도 있다는 점을 제외하면 니코틴 대용품을 사용하더라도 전혀 위험하지 않습니다. 임신한 여성에게 처방할 경우, 신중히 지켜봐야 합니다.

니코틴 대용품은 보험 처리가 되나요?

그렇습니다. 모든 효과적인 치료법과 마찬가지로 니코틴 대용품도 사회보장제도와 상호공제조합이 보장해줍니다.*

담배를 다시 피우게 되는 것은 정상적인가요?

그렇습니다. 금연 도중 다시 담배를 피우는 것은 정상적이고 빈번하고 흔한 일입니다. 이는 니코틴의 강력한 중독성 때문이며 때로는 처방받은 니코틴 대용품의 용량이 너무 약하기 때문일 수도 있습니다. 금연은 자전거 배우기와 같습니다. 여러 번 시도해야 이룰 수 있습니다. 사람들은 하루아침에 담배를 완전히 끊은 흡연자들 사례를 들곤 합니다. 그런 경우도 있지만 어디까지나 예외적입니다.

하루에 피우는 궐련 개수를 15개에서 5개로 줄이면 건강에 도움이 되나요?

애석하게도 아닙니다. 앞에서 말씀드렸듯이 담배를 조금 피운다고 행복한 흡연자는 없습니다. 이는 하루에 궐련을 조금만 피우더라도 건강에 미치는 위험이 크기 때문입니다. 그러니 담배를 전혀 안 피우는 것이 목표가 되어야 합니다.

이브 마르티네 교수, 엠마뉘엘 베기노, 아멜리 에셴브레너 (CNCT), 피에르 부아스리가 공동 작성한 문서입니다.

* 프랑스의 경우를 가리킨다. 우리나라에서는 약물 치료 지원 및 금연 상담 무료 지원사업과 금연 클리닉 운영 등 매우 적극적인 금연 치료 지원 사업을 추진하고 있다.

자료 출처

책

앨런 블럼, 『지하 세계의 담배』, Lyle Stuart, 1985.

앨런 브랜트, 『담배의 세기: 미국을 만든 제품의 부상, 추락, 그리고 치명적인 지속성』, Basic Books, 2009.

제라르 뒤부아, 『연기의 커튼. 담배산업의 비밀스러운 방법』, Le Seuil, 2003.

스탠턴 글랜츠, 『담배 종이』, University of California Press, 1998.

리처드 클루거, 『재에서 재로』, Vintage Books, 1997.

마크 로마치, 『담배 마피아는 우리를 어떻게 조종하는가』, Flammarion, 2015.

로버트 프록터, 『황금빛 홀로코스트: 담배산업의 음모』, Équateurs Documents, 2014.

마이클 라비노프, 『담배 홀로코스트를 끝내다: 빅 토바코가 우리의 건강, 주머니 사정, 정치적 자유에 미치는 영향과 우리가 할 수 있는 일』, Elite Books, 2010.

기사

엘레노어 아부 에즈, "담배산업이 아프리카의 취약한 인구를 겨냥하고 있다", 『아프리카 지정학』, 2018.

마리 브레너, "너무 많은 것을 알아버린 사람", 『배너티 페어』, 1996년 5월호.

에릭 고도, "담배는 어떻게 마약이 되었는가?" 『20세기, 역사 리뷰』, 2009년 2월호(102권), p. 105-115.

유누스 오마르지, 『담배 로비 블랙북』, 보고서, 2018.

인터넷 자료

-주네 브리우의 담배 타임라인:

https://academic.udayton.edu/health/syllabi/tobacco/history2.htm

-제프리 위건드: jeffreywigand.com

-"담배 문서": 리거시 토바코 도큐먼츠 도서관

www.legacy.library.ucsf.edu

-담배꽁초 오염 프로젝트:

cigwaste.org

-150가지 포스터로 보는 200년 동안의 담배:

www.advertisingtimes.fr/2010/07/deux-siecles-de-tabac-en-150-affiches.html

-담배 뉴스와 정보:

www.tobacco.org

-WHO, 세계보건기구:

www.who.int/topics/tobacco/fr

-국립 담배중독반대위원회:

www.cnct.fr

-시가렛츠피디아:

www.cigarettespedia.com/index.php/Main_Page

-미국에서 흡연을 감소시키기 위해 실시한 노력에 관한 역사적 조사:

www.cdc.gov/tobacco/data_statistics/sgr/2000/complete_report/pdfs/capter2.pdf

프로그램

『현금 조사 - 담배산업: 거대한 조작』, 2014년 10월 7일 프랑스TV에서 방영, 115분.

그리고 저자도 위키피디아에서 몇 시간을 보냈다는 사실을 인정하지 않는다면 기만일 것입니다.

건설적인 노력을 통해 이 프로젝트를 지지해주신 분들께 꼭 감사 인사를 드리고 싶습니다.
끊임없는 투자와 꼼꼼한 조사를 해준 프랑수아, 아나이스, 크리스토프,
좋은 그림 아이디어와 열정을 선사해준 필리프 라봉,
소중한 지지를 일상적이고 무조건적으로 보내준 CNCT와 당연한 얘기겠지만 특히 이브 마르티네 교수와 아멜에게 감사합니다.
-스테판 브랑지에

시동을 걸어준 필리프 오스테르만,
열정을 보여준 프랑수아 르 베스콩과 다르고 출판사 팀 전체,
에너지와 좋은 색감(딱 적당한 짙은 색이었어요)을 안겨준 스테판…
또 그 나머지 모든 것들을 베이비에게, 특히 아무르에게 감사합니다.
이 책을 영감과 관대함과 끝없는 선의의 원천인 디디에 콩바르에게 바칩니다.
-피에르 부아스리

항암연합에서 펴낸 "살인자의 부검" 포스터에서 영감을 받아 81페이지의 삽화를 그린 데 대해 출판사가 항암연합에게 감사를 드립니다.
125페이지, 2번째 칸: ⓒ 워싱턴 포스트 작가 모임 (원본 삽화)
이 작품은 CNCT(국립 담배중독반대위원회)와 공동으로 제작했습니다 - www.cnct.fr
프랑스 보건부의 지원을 받았습니다.

담배: 필터 없는 보고서

초판 1쇄 인쇄 2026년 4월 15일
초판 1쇄 발행 2026년 4월 20일

지은이   피에르 부아스리
그린이   스테판 브랑지에
옮긴이   장한라
펴낸이   김연희

펴 낸 곳   그림씨
출판등록   2016년 10월 25일(제406-251002016000136호)
주   소   경기도 파주시 광인사길 217(파주출판도시)
전   화   (031) 955-7525
팩   스   (031) 955-7469
이 메 일   grimmsi@hanmail.net

ISBN 979-11-89231-83-5 03300

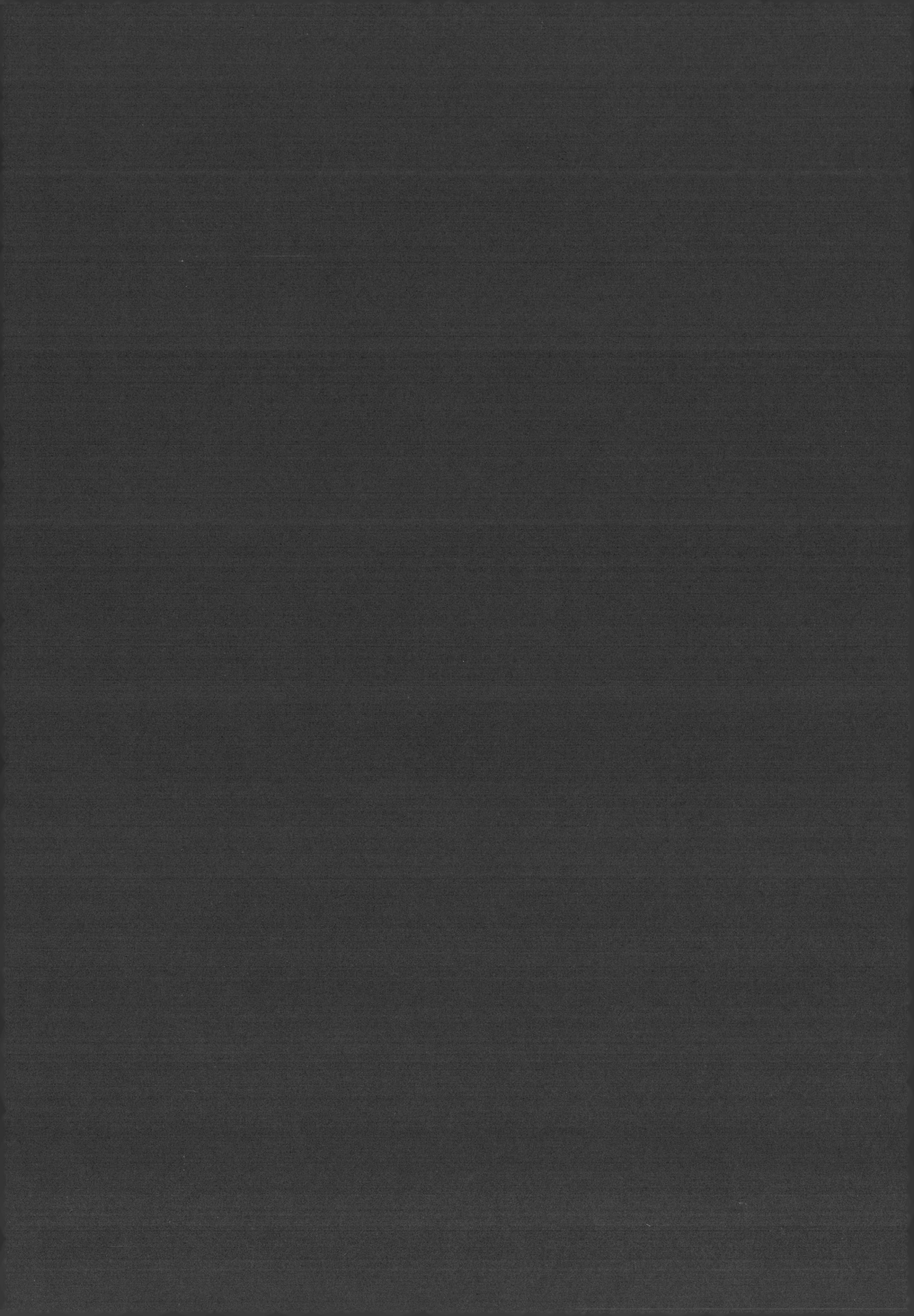